青木新門の親鸞探訪

青木新門＝文
溝縁ひろし＝写真

東本願寺出版

はじめに

青木新門

私が念仏の教えに出遇《であ》ったのは、仏教に関心があったからでも、真宗教学を学んだからでも、誰かに勧められたからでもなかった。葬式の現場で納棺夫《のうかんふ》として働いていて、真夏に一人暮らしの老人が亡くなって、そのご遺体を処理している時に、蛆《うじ》が光って見えた不思議な体験をし、その光に導かれるように親鸞聖人《しんらんしょうにん》の二種の回向《えこう》のみ教えに出遇ったのであった。要するに、光明《こうみょう》の縁に出遇って育てられて名号《みょうごう》のいわれを知り信を賜《たまわ》った在家念仏者である。

このたび、月刊誌『同朋《どうぼう》』（東本願寺出版発行）に2015年7月号から

２０１７年６月号まで24回連載されていた「私の親鸞探訪」をまとめて『青木新門の親鸞探訪』と改題され出版されることとなった。有り難いことだが、私のような浅学非才の者が探訪などとは恐れ多いことである。ただ、親鸞聖人を敬慕してやまぬ気持ちが御遺跡を訪ねる旅をさせたのであった。

　尊い方の遺跡を訪ねる観光は、光を観る旅でもある。旅の途中で気付いたことだが、光触《こうそく》かぶられた聖人の足跡には、回向がはたらいていて、常に慈光《じこう》が漂《ただよ》っていた。その光に導かれて辿《たど》ればいいだけの親鸞探訪であった。

　如来大悲《にょらいだいひ》と親鸞聖人の恩徳に謝するのはもちろんだが、拙文に素晴らしい写真を添えてくださった写真家の溝縁ひろし氏に感謝の意を表したい。

青木新門の親鸞探訪

目次

第一章 京都編

善《ぜん》知《じ》識《しき》にあうことも
おしうることもまたかたし
よくきくこともかたければ
信ずることもなおかたし

（「浄土和讃」）

青蓮院門跡《しょうれんいんもんぜき》

親鸞が出家《しゅっけ》得度《とくど》したのは1181（養和《ようわ》元）年、9歳の時であったという。幼名を松若丸といった（伝承）。京都東山の青蓮院を訪れ、出家を願い出たが、出家得度を認可する公儀の使者が到着せず、得度を明日にしよう、という青蓮院の慈鎮《じちん》和尚《かしょう》に松若丸が即興で作って示したとされる歌がある。

明日ありと　思う心の　あだ桜
夜半《よわ》に嵐の　吹かぬものかは

9歳の少年の歌にしては出来過ぎだと思う人がいるかもしれない。

栴檀《せんだん》は双葉《ふたば》より芳《かんば》し

右／親鸞聖人お手植えとの伝承が残る樹齢800年の楠木と青蓮院門前
下／夕陽が沈み次の朝日が昇る前に得度したという親鸞聖人。四脚門にちょうど西陽が射していた

しかし私はそうは思わない。9歳であっても生い立ちや学識や環境などの条件が整えば、大人が驚嘆するようなものを生み出すことは歴史上いくらでもみられる。法然《ほうねん》も明恵《みょうえ》も道元《どうげん》も、9歳前後で志《こころざし》を固めていた。〈栴檀《せんだん》は双葉《ふたば》より芳《かんば》し〉というが、不動の志を秘めた見事な歌と言っていいだろう。

栄華を極めた平清盛が病死したのもこの年であった。時代は、平家滅亡への暗雲が漂い、戦乱で疲弊した世に追い打ちをかけるように天変地異が続き、飢饉《ききん》や疫病の流行と、世はまさに阿鼻叫喚《あびきょうかん》の末法の様相を呈《てい》していた。そうした世相を見ながら育った鋭敏な少年は世の無常を感じ、「自分も必ず死んでゆく。死ねば、どうなるのか」と思っても不思議ではない。

その思いはやがて、『恵信尼消息《えしんにしょうそく》』にみられるように〈生死《しょうじ》出ずべき道をば、ただ一筋に〉、90年の生涯を求道者として歩かれた親鸞の旅立ちの日であった。

私が青蓮院を訪れたのは桜の季節であった。親鸞得度の間を拝観して振り返った時、西陽が射す庭先に紅の花をつけた枝垂れ桜が眼に入った。すると、凛々しい松若丸の姿が、桜香が漂う風光の中に浮かんで見えた。

上／青蓮院境内で最も大きな建物である宸殿（しんでん）。親鸞聖人が得度を受けたことから「お得度の間」とも呼ばれる
中右／植髪堂には幼き聖人が慈鎮和尚のもとで得度する様子の絵が掛かる
中左／華頂殿（かちょうでん）の蓮の襖絵は、画家・木村英輝氏の奉納によるもの
下／歌碑の句は、親鸞聖人の出家得度の決意をいまに伝える

天台宗 青蓮院門跡 てんだいしゅう しょうれんいんもんぜき

住所　〒605-0035 京都市東山区粟田口三条坊町69-1
電話　075-561-2345
拝観時間　9時～17時（16時30分受付終了）
拝見料金　大人500円、中高生400円、小学生200円 ※団体割引あり
アクセス　京都市営バス5・46・100系統「神宮道」下車、徒歩3分
地下鉄東西線「東山駅」下車、徒歩5分

一隅を照らす、これ即ち国の宝なり

比叡山延暦寺《ひえいざんえんりゃくじ》 根本中堂《こんぽんちゅうどう》

古来、京洛（京都）に住む人々は、比叡山《ひえいざん》のことを「お山」という。親鸞が範宴《はんねん》の名でお山に上がったのは何歳の時であるか、定かではない。親鸞には、自伝的な記録は皆無に等しい。一般には20年間の山での修行《しゅぎょう》の後、29歳で山を下りたとされている。その説をとるなら、9歳で得度して、間もなく山へ上がられたことになる。当時、9歳前後で入山した少年のうち、行儀見習いと称して高僧に預けられた皇族や上位貴族の子弟を上稚児《ちご》といった。また、頭の良

さを見込まれて入山し、託された僧の元で給仕しながら学習する少年を中稚児、その他何らかの事情で入山し、下働きをする少年を下稚児といった。下級貴族の子弟であった範宴の場合、中稚児として過ごされたことだろう。

788（延暦7）年、伝教大師最澄が開いた天台宗総本山延暦寺。山門にあたる「文殊楼（もんじゅろう）」を見上げ、少年・範宴がこの門をくぐった日々を想った

東塔《とうどう》の根本中堂《こんぽんちゅうどう》を参拝して、杉並木の参道を歩きながら、私は、少年範宴が山で真摯《しんし》に修行している姿を想い浮べていた。すると、いつの間にか自分の少年時代が重なって浮かんだ。私が通った村の小学校に「清く正しく美しく」という書額が掲げられてあった。私は、清く正しく美しく生きたいと思った。だが、その後の人生を清く正しく生きようとすればするほど誰からも相手にされなくなり、やることと成すことに躓《つまづ》き挫折を繰り返した。それでも諦めないで生きようとしたら、この世からはじき出されて、私の場合、気がついたら納棺夫《のうかんふ》になっていた。

山を開かれた伝教大師最澄《でんぎょうだいしさいちょう》の『山家学生式《さんげがくしょうしき》』に「一隅《いちぐう》を照らす、これ即ち国の宝なり」という言葉

がある。純真無垢《じゅんしんむく》な範宴は、一隅を照らす光になろうと思われたことだろう。名利《みょうり》や愛欲や闘争に明け暮れる、娑婆世界の縮図のような当時の比叡山にあっても、清く正しく生きようと精進されていたに違いない。そう思うと涙が出てきた。見上げると、木漏れ陽の光の中に根本中堂の「不滅の法灯」が浮かんでいた。

右頁／三塔（東塔・西塔・横川）中で最も大きく、延暦寺の中核ともいえる東塔の「根本中堂」
上／根本中堂内陣には薬師如来が安置され、六角形の灯篭からは「不滅の法灯」と呼ばれる灯りが仄かな光を放っていた
下右／東塔の延暦寺大講堂にある親鸞聖人の木像。堂内には大日如来がまつられ、左右に比叡山で修行した祖師たちをまつる
下左／最澄が著した天台宗の修行規定である『山家学生式』。「一隅を照らす、これ則ち国の宝なり」の言葉に、親鸞聖人の姿と覚悟が重なってみえた

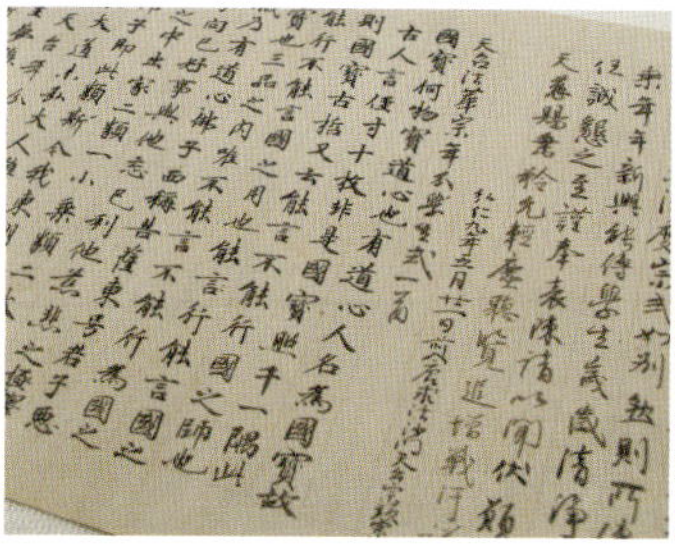

住所・アクセス等▶
比叡山延暦寺 19頁

比叡山延暦寺《ひえいざんえんりゃくじ》 常行三昧堂《じょうぎょうざんまいどう》

「延暦寺《えんりゃくじ》」とは単独の寺院の名称ではなく、比叡山《ひえいざん》の山上から東《とう》麓《ろく》にかけて位置する東塔《とうどう》、西塔《さいとう》、横川《よかわ》などの区域に散在する百数十の堂塔の総称である。東塔の根本《こんぽん》中堂《ちゅうどう》から約5キロほど先の、杉の巨木が立ち並ぶ静寂な地に横川中堂や恵心堂《えしんどう》などがある。

〈後の世を 渡す橋とぞ思ひしに世渡る僧と なるぞ悲しき まことの求道者となり給へ〉と母親に諭《さと》され恵心堂に籠もって『往生要《おうじょうよう》集《しゅう》』を著した源信《げんしん》の流れをくむ横川での範宴《はんねん》（得度時の親鸞の名）は、給仕などの雑務をこなしながら、顕教を一心不乱に学んでおられたに違いない。11歳にして天台四教儀・小止観・三大部を極め、14歳で倶舎唯識百法《くしゃゆいしきひゃっぽう》を読破した範宴が、19歳にして天台止観の教科を

精進して忍びて 終に悔いなし

右／常行三昧堂での過酷な修行の中で、親鸞聖人も幾度もお顔を仰いだであろう阿弥陀如来像
下／常行三昧堂

修了したという記録もある。

やがて「殿の比叡の山に堂僧《どうそう》つとめておわしましけるが…」と恵《え》信尼消息《しんにしょうそく》にあるように、堂僧を勤められた時期があった。堂僧とは不断念仏衆のことをいうのだが、常行三昧堂《じょうぎょうざんまいどう》に90日間籠もって、不眠不休（食事とトイレを除く）で合掌《がっしょう》し、念仏を称《とな》え続けながら阿弥陀如来像《あみだにょらい》の周りを歩き続ける過酷な修行である。しかし範宴は、そうした行も真摯《しんし》になされていたことだろう。後の世の人たちは山を後にした親鸞の行為を、堕落《だらく》と退廃に陥《おち》っていた比叡山に見切りをつけられたとか、下級貴族の出の者は出世が閉ざされていたといった理由をあげたりしているが、そうした娑婆世界の価値観での推論に私は違和感を覚える。当時の

範宴は、そんな娑婆の価値観などに惑わされることなく、脇目も振らず修行しておられたことであろう。すでに『仏説無量寿経《ぶっせつむりょうじゅきょう》（大経）』も読了して、『嘆仏偈《たんぶつげ》』の「我行《がぎょう》精進《しょうじん》、忍終不悔《にんじゅうふけ》（わが道は精進して、忍びて終に悔いなし）」と心に誓って励まれたに違いない。しかし、学べば学ぶほど疑惑が生じ、修行を重ねれば重ねるほど、範宴の苦悩は深まるばかりだった。

恵心僧都（源信）が籠（こも）り、修行に専念した恵心堂。ここで『往生要集』を著したとされている

右／首楞厳院（しゅりょうごんいん）とも呼ばれる横川中堂は、横川の中心の静寂な一角にある。石垣の上に建ち、朱塗りの本堂が鮮やか
左／比叡山での修行にさとりを見いだせず、29歳で山を下りた親鸞聖人。行き来に通られたといわれる「雲母坂（きららざか）」の道は険しくも自然の息吹が感じられた

天台宗 比叡山延暦寺　てんだいしゅう ひえいざんえんりゃくじ

住所　〒520-0116　滋賀県大津市坂本本町4220
電話　077-578-0001
拝観時間　［東塔地区］3～11月：8時30分～16時30分、12月：9時～16時、1～2月：9時～16時30分
［西塔・横川地区］3～11月：9時～16時、12月：9時30分～15時30分、1～2月：9時30分～16時
拝見料金　東塔・西塔・横川共通券　大人 700円、中高生500円、小学生300円（団体20名から割引あり）
アクセス　〈京都方面より〉叡山電車「八瀬比叡山口」駅より叡山ケーブル、叡山ロープウェイを乗継ぎ。JR京都・京阪三条・京阪出町柳の各駅からドライブバス（ただし、12/1～3/19は運休）
〈滋賀方面より〉京阪電鉄「坂本駅」、JR湖西線「比叡山坂本駅」より坂本ケーブル乗換え
※比叡山頂より各地域シャトルバス運行

聖徳太子《しょうとくたいし》ゆかりの寺院《じいん》

磯長山叡福寺、法隆寺、四天王寺

親鸞が学んだ比叡山（天台宗）では、止観《しかん》を重んじる。止観の「止」とは、心の動揺を止めて本源の真理に住することで、「観」とは不動の心が智慧のはたらきとなって事物を真理に即して正しく見定めることをいう。その止観に至ることを目指して、12年籠山行《ろうざんぎょう》、密教の修法、法華三昧行《ほっけざんまいぎょう》、念仏三昧行、千日回峰行《せんにちかいほうぎょう》など、多様な苦行が行われていた。

範宴（当時の親鸞の名）は、天台

生死出ずべき道を唯一筋に

上／19歳の親鸞聖人が参籠し、夢告を受けたと伝えられる磯長の御廟（聖徳太子御廟）
左／磯長の御廟がある聖徳太子ゆかりの古刹・叡福寺（大阪府南河内郡太子町）

止観を学び終え、90日間念仏三昧行も成し遂げたが、止（奢摩他《しゃまた》）にも観（毘婆舎那《びばしゃな》）にも達するどころか、苦悩は深まるばかりであった。後に親鸞は84歳になって「かの土《ど》に生じ已《おわ》りて速疾《そくしつ》に、奢摩他・毘婆舎那」と『入出二門《にゅうしゅつにもん》偈《げ》』に記しておられるが、19歳の範宴は止観どころか、求道者《ぐどうしゃ》としての資格がないのではないかと思うほど行き詰っていた。

思い詰めた範宴は、以前から敬慕していた聖徳太子に救いを求めて太子の遺跡を訪ね参籠されたのであった。

＊　＊　＊

私も親鸞の後を追うように、その足跡を辿った。3日間参籠して「そなたの命は、あと10年余りであろう」という夢告を受けた磯長《しなが》の御廟《ごびょう》。聖徳太子の現《うつ》し身と言われる救世《くせ》観音《かんのん》像がある法隆寺。当時、太子信仰の中心的な寺院であった四天王寺。四天王寺は、最《さい》澄《ちょう》、空海《くうかい》、良忍《りょうにん》、一遍《いっぺん》なども参籠したといわれているが、範宴の参籠は必死の覚悟であった。

私は、四天王寺の境内にある見《けん》真堂《しんどう》の横の親鸞像を見上げながら、生死出ずべき道を唯一筋に歩かれた親鸞の生涯に想いを馳せていた。そして夢告のことを考えていた。悟った覚者は夢を見ないという。だが19歳の範宴はまだ修行途上であった。しかし普通の修行者と違うところは、求道への真剣さであった。そんな必死の思いが女犯の夢を伴って、後に参籠した六《ろっ》角堂《かくどう》の夢告となって顕れても不思議でない。気がつくと私は、西門の前の大鳥居の中に沈む夕陽に向かって歩いていた。

右／聖徳太子を供養して建てられた法隆寺夢殿（奈良県生駒郡斑鳩町）［写真提供：法隆寺］
左／太子の現し身と伝わる夢殿の救世観音像［写真提供：法隆寺］

上／聖徳太子が難波に建立したと伝えられる四天王寺（大阪市天王寺区）
右／四天王寺の太子殿に安置された童形の聖徳太子像
左／四天王寺の境内にある、親鸞聖人をまつった見真堂とその横に建つ親鸞聖人像

磯長山叡福寺　しながさんえいふくじ

住所　〒583-0995 大阪府南河内郡太子町太子2146
電話　0721-98-0019
拝観時間　8時～17時
拝見料金　志納
※宝蔵拝観は、土・日・祝のみ開館
　拝観時間／9時～16時30分
　拝観料金／大人200円、小学生100円
アクセス　電車・バス：近鉄長野線・喜志駅下車、金剛バス循環・上ノ太子行にて太子前下車すぐ（喜志ー太子前10分）
タクシー：喜志駅より5分、自動車：国道170号線で喜志に至り、太子町に向って東進約10分

聖徳宗 法隆寺
しょうとくしゅう　ほうりゅうじ

住所　〒636-0115 奈良県生駒郡斑鳩町法隆寺山内1の1
電話　0745-75-2555

和宗 四天王寺　わしゅう してんのうじ

住所　〒543-0051 大阪市天王寺区四天王寺1丁目11番18号
電話　06-6771-0066

六角堂《ろっかくどう》

本堂の屋根が特徴的な六角形であることから六角堂と呼ばれる。親鸞聖人は29歳で比叡山を下り、六角堂に百日参籠された

範宴《はんねん》（当時の親鸞の名）が天台止《てんだいし》観《かん》の学修課程を終えたのは19歳の秋であった。実践課程へ進む前に、師の許可を得て、日ごろから父のごとく敬慕《けいぼ》してやまぬ聖徳太子の遺跡を訪ねる旅に出て、法隆寺や四天王寺を参拝した後、河内磯長の聖徳太子廟で3日間の参籠《さんろう》をされた。その2日目に太子の声として夢の中で聴いたのが次の言葉であった。

「諦《あきらか》に聴け諦に聴け、わたしが教えるところを。おまえの寿命はあと10余歳しかない。しかし寿命が終われば直ちに弥陀《みだ》の浄土に生まれるだろう」。

あれから10年、29歳になっていた。「おまえの寿命はあと10年」と予言された年を迎えていた。死の不安と性欲の悩みを抱えた範宴は

聖徳皇
父のごとくに
おわします

右／六角堂の正式名は「紫雲山 頂法寺（しうんざんちょうほうじ）」。聖徳太子創建のこの寺を京都の人々は「六角さん」と呼び親しんできた
左／山門を入って右手には、ここが京都の中心だったことから「へそ石」と呼ばれている敷石がある

止観どころか修行さえ行き詰っていた。思い余って再び聖徳太子に救いを求めるべく六角堂での百日参籠を決意したのであった。比叡山から六角堂まで約15キロ、救いを求めての必死の参籠であった。夕刻山を下り、一睡《いっすい》もしないで太子、即ち救世観音《くせかんのん》に問い続け、朝には山に戻るという参籠を来る日も来る日も繰り返した95日目の寅の刻（午前4時）、救世観音が夢に立ち、こう告げたと伝えられている。

行者宿報設女犯
我成玉女身被犯
一生之間能荘厳
臨終引導生極楽

私は、境内の右奥にある親鸞堂の前に立って、不淫戒《ふいんかい》に苦しむ若

上／境内の奥にある親鸞堂には、親鸞聖人が夢のお告げを聞く姿「夢想之像」（下右）と、六角堂参籠の姿を自刻されたと伝わる「草鞋（わらじ）の御影」（下左）が安置されている

き日の親鸞を思っていた。しかし、個人的な記録を一切残さなかった親鸞が妻帯を正当化するようなこうした体験記録を残すだろうかと思った。すると『仏説観無《ぶっせつかんむ》量寿経《りょうじゅきょう》』が浮かんだ。釈尊が韋《い》提希夫人《だいけぶにん》を導くために「夕日を観よ、水を観よ、身が清浄に整えば、光明《こうみょう》を放《はな》って空中に立つ如来《にょらい》を観よ」と方便《ほうべん》を用いて説いておられた場面を思い出していた。私は親鸞も夢の中に現れた救世観音が放つ光明に遇《あ》われたに違いないと思った。その光明は弥陀の慈光であった。若き日の親鸞の苦悩を「煩悩即涅槃《ぼんのうそくねはん》」と丸ごと受け入れて清浄な世界へと導かれた一瞬であったのだと思った。

光は光を招くという。その光は吉水《よしみず》の方角に向かって流れていた。

境内の池の隅に浮かぶように建つ太子堂には、南無仏の像（聖徳太子２歳の像）が安置されており、太子堂の北面には、聖徳太子が沐浴されたと伝えられる池跡（左）がある。この池のほとりに小野妹子を始祖と伝える僧侶の住坊があったことから「池坊」と呼ばれるように。いけばな発祥の地としても有名

六角堂（紫雲山 頂法寺）

ろっかくどう　しうんざん　ちょうほうじ

住所　〒604-8134 京都市中京区六角通東洞院西入堂之前町248
電話　075-221-2686（平日9時～17時）
拝観時間　6時～17時（納経時間 8時～17時）
アクセス　京都市営地下鉄：「烏丸御池」駅より徒歩3分、「四条」駅より徒歩5分
阪急京都線：「烏丸」駅より徒歩5分
市バス：「烏丸三条」バス停より徒歩2分、「烏丸御池」バス停より徒歩4分、「四条烏丸」バス停より徒歩5分

吉水草庵・安養寺

よしみずそうあん・あんようじ

吉水草庵《よしみずそうあん》・安養寺《あんようじ》は、知恩院《ちおんいん》の御影堂《ごえいどう》の前を円山《まるやま》公園側に入った坂道を上った山の頂上にある。延暦寺《えんりゃくじ》開山の時代に伝教大師最澄《さいちょう》によって創建された古刹で、一時は本坊と自坊6カ寺を構えた円山公園を境内とするほどの一山寺であったが、法然《ほうねん》の流罪の際、念仏道場は廃止され、後には明治政府の廃仏毀釈《はいぶつきしゃく》や知恩院の拡張などで敷地のほとんどを失い、現在は本坊と、慈鎮《じちん》（慈円《じえん》）が勧請《かんじょう》した弁財天の社が残るだけとなっている。その弁財天社の隣に「吉水の井」と表札の立つ、法然も愛用したと伝えられる湧き水の跡がある。

現在、時宗《じしゅう》になっている本堂で、住職からその由来を聞いて退出する際「ここから見える夕日がとても美しいのです」と住職がぽつり

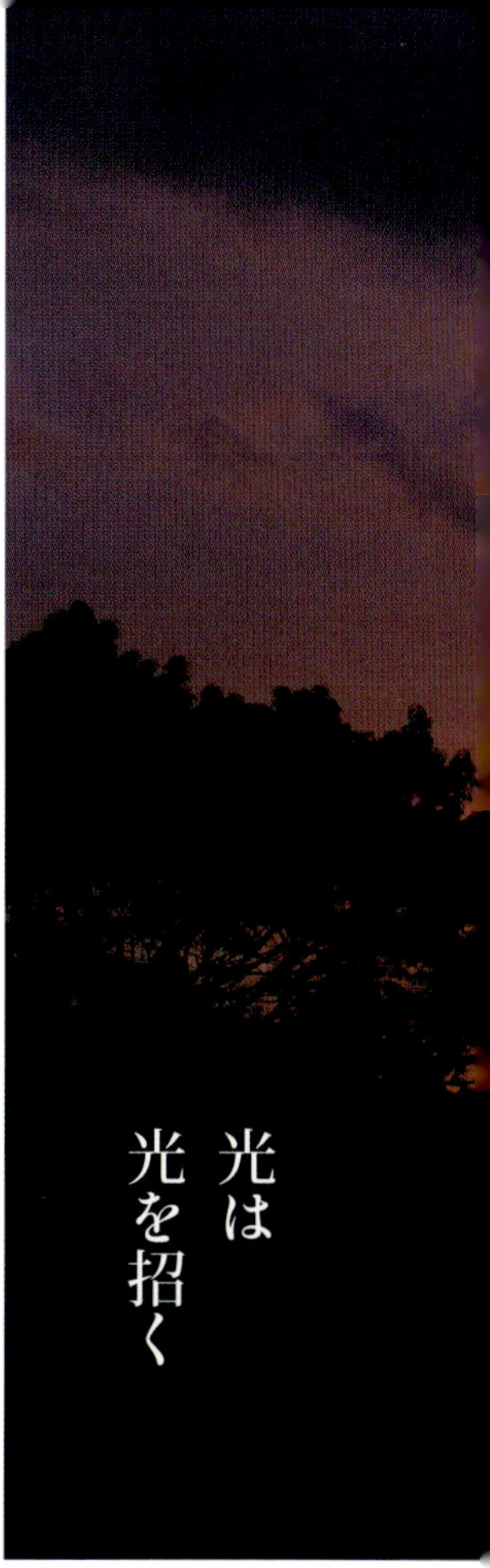

光は光を招く

右／本堂前から望んだ京都市街
上／天台宗の寺として最澄が創建。吉水坊と称し、法然上人が庵を置いて30年間念仏三昧の日々を送った場所とされる。草庵はのちに慈鎮（慈円）が安養寺として復興。その後、念仏弾圧により荒廃するが、国阿が時宗に改めて再興した

とおっしゃった。その一言が心に残った。『仏説観無量寿経《ぶっせつかんむりょうじゅきょう》』にある「日想観」や「水想観」なども熟知していた法然にとって、夕日が美しく水が清らかな地を選んで草庵を結ぶのは自然のことであっただろう。

＊　＊　＊

親鸞が六角堂《ろっかくどう》百日参籠《さんろう》の95日目に救世観音《くせかんのん》の夢告を受け、吉水の法然を尋ねたのは、法然69歳、親鸞29歳の時であった。法然に会う前から、法然の専修念仏のことも当然聞き知っておられたことだろう。しかし実際に光顔巍巍《こうげんぎぎ》として念仏を称《とな》える法然に接して圧倒されたにちがいない。親鸞が会った頃の法然は、すでに〈得たる心地して念仏申す〉といった境地に達しておられたのであった。信をえ

た僧は存在するだけで法を説いているという。親鸞は自分が理解していたのは知識としての、学問としての念仏に過ぎなかったと恥じ入ったにちがいない。知識としての念仏が信心に転換するには、法然という人格に遭遇することが必要であった。親鸞が法然を「よき人」と崇《あが》め、信じ、この人についていけば間違いないと確信された吉水での法然との出遇《であ》いは、六角堂でふれた不思議な光によって導かれたものだった。光は光を招くという。

安養寺本堂。内陣には、正面に阿弥陀如来、向かって右側に法然上人尊像、左側に親鸞聖人信決定御満足の尊像、左側脇に慈鎮和尚尊像が安置されている

吉水草庵・時宗 安養寺

よしみずそうあん・じしゅう あんようじ

住所　〒605-0071 京都市東山区八坂鳥居前東入円山町
電話　075-561-5845
拝観時間　8時〜17時
アクセス　市バス：「祇園」バス停より東へ（八坂神社、円山公園方面）徒歩15分、円山公園上知恩院鐘楼横

上／堂前には、法然上人が使われたという「吉水」と彫られた古井戸が残り、よい水が湧き出ることから、このあたりの地名が「吉水」となった
中右／本堂前の石段を下り、山門前の道を左に行くと、弁財天をまつる堂がある
中左／弁天堂の東隅には「慈鎮和尚多宝塔」（高さ 224 センチ）が建ち、釈迦、多宝の二仏が彫られている
下／法然上人が吉水での念仏三昧のある日、妙なる音楽と共に紫雲に乗った高僧が現れ法然を励まされ、讃嘆された。その高僧こそ善導大師で、ご対面の様子を描いたこの額は、上人の念仏は善導大師の念仏を受け継ぐことを物語る

岡崎別院《おかざきべついん》

ここ岡崎別院《おかざきべついん》は、親鸞が吉水へ通うために住んだ草庵があった旧跡である。また、関東から帰洛してしばらく住んだ処でもある。

近くの黒谷《くろたに》には、法然《ほうねん》上人が比《ひ》叡山《えいざん》の黒谷を下りて最初に草庵を結んだ跡に建立された金戒光明寺《こんかいこうみょうじ》がある。昔は、黒谷から流れ下る小川が岡崎の草庵の庭の池に水を注いでいたという。黒谷には、法然上人が西山広谷へ移る際、後を託した法蓮房信空《ほうれんぼうしんくう》をはじめ法然門下の兄弟子たちが住んでいて、下流の草庵は若い新参者の親鸞にはふさわしい地であった。

親鸞は吉水通いも百日の願を掛

1801（享和元）年、東本願寺第 20 代達如上人のときに堂宇を建立して「岡崎御坊」と呼ばれるようになり、1879（明治 9）年に岡崎別院と改められた

けていた。

ここから吉水まで約一里（4キロ弱）の道程を毎日通い、法然上人の教えを聴いた。やがて法然門下の弟子の一人に加えられた。

先輩の弟子たちと争論したのは、おそらくこの頃であろう。『歎異《たんに》抄《しょう》』の後序にある話である。先輩の弟子たちを前にして「善信《ぜんしん》（親鸞）の信心も、法然上人の信心も同じである」と言ったら、先輩の仲間から非難され、法然上人に判断してもらおうと尋ねると、「源《げん》空《くう》（法然）の信心も如来《にょらい》からいただいた信心である。善信の信心も如来からいただいた信心である」と、親鸞が正しいとされた。

私は、この逸話は浄土門の信心を理解する上で、とても大切なことのように思う。親鸞が先輩の弟

如来《にょらい》より賜りたる信心

二重屋根の本堂。親鸞聖人が若き日にこの地に草庵をつくり、ここから吉水の法然上人のもとに通ったとされる。越後、関東での生活を終え、60歳を過ぎて帰京されて最初に住んだのも、この草庵だった

上／本堂の西脇にある「鏡池」。石の柵で囲まれた小さな池で、「姿見の池」とも呼ばれている
右／鏡池の隣には「八房(やつふさ)の梅」と呼ばれる紅梅が植わり、初代は親鸞聖人のお手植えとされている

子たちの前で自説を押しとおした確信は、六角堂《ろっかくどう》での夢告《むこく》体験の裏打ちがあったからだと思う。夢告といえば今日の人々は非科学的な胡散《うさん》臭いもののように思う人が多いが、聖書などでも神の啓示といい、コーランなどもアラーのお告げをマホメッドが書き綴ったものである。親鸞の夢告の場合、如来との邂逅《かいこう》に他ならない。すなわち弥陀の光明《こうみょう》にふれたのである。〈この光に遇《もうあ》えば、三垢《さんく》消滅し、身意《しんい》柔軟《にゅうなん》にして、歓喜踊躍《かんぎゆやく》し善心を焉《ここ》に生ず〉と『仏説無量寿経《ぶっせつむりょうじゅきょう》』（大経）にあるように、親鸞は貪欲《とんよく》・瞋恚《しんに》・愚痴《ぐち》の三垢とともに女犯《にょぼん》の苦悩をも洗い流してくれた如来に絶対の信をおいていたのであった。

私は岡崎別院の庭で、親鸞が越《えち》後配流《ごはいる》のおり、姿を映して名残を惜しんだと伝えられる鏡池《かがみいけ》を覗きながら、親鸞に想いを寄せていた。

庭園にある大きな池の中央には朱塗りの「必度橋」が架かる（上）。大谷専修学院元院長の信國淳師により命名された橋で、「すでにこの道あり、必ず度すべし」を願いとする。別院は、学問所である「御学館」や学生の勉強会「鏡池会」、「大谷専修学院」（旧・岡崎学舎）など、教学研鑽の道場として歴史を刻んできた場でもある

真宗大谷派 岡崎別院 しんしゅうおおたには おかざきべついん

住所　〒606-8335 京都市左京区岡崎天王町26
電話　075-771-2921
拝観時間　6時30分～17時（行事によって異なる）
アクセス　市バス：「京都駅」より100番で「岡崎道」下車、徒歩5分。「四条河原町」より203番で「岡崎神社前」下車すぐ。「烏丸丸太町」より93番または204番で「岡崎神社前」下車すぐ。京阪「神宮丸太町」より93番または204番で「岡崎神社前」下車すぐ
タクシー：京都駅より約20分。三条京阪より約10分

第二章 越後編

有情《うじょう》の邪見《じゃけん》熾盛《しじょう》にて
叢林棘刺《そうりんこくし》のごとくなり
念仏の信者《しんじゃ》を疑謗《ぎほう》して
破壊瞋毒《はえしんどく》さかりなり

（「正像末和讃」）

居多ヶ浜

居多ヶ浜記念堂、五智国分寺・竹之内草庵跡

　承元《じょうげん》の法難《ほうなん》によって、師・法然《ほうねん》は四国・讃岐へ、親鸞は越後《えちご》への流罪《るざい》となった。僧籍もはがされ、藤井善信《よしざね》と名乗る俗人として、京都から逢坂《おうさか》（現・滋賀県大津市）の関を経て船で琵琶湖《びわこ》を北上して、越前《えちぜん》・越中《えっちゅう》を陸路で進み、越後・木浦（現・新潟県糸魚川市能生）から船で五智国分寺に近い居多ヶ浜に上陸したのは1207年3月28日（旧暦）であった。

　師・法然は別れ際に「私は流罪を少しも恨《うら》んではいない。流罪によって念仏を辺鄙《へんぴ》な地方に化導《けどう》できることは、またとない結構なことであろう」と諭された言葉を思い出しても、悔しさばかりが込み上げてくる。自分はともかく、老齢（76歳）の師をも流刑にした朝廷の処置には納得できなかった。

新たな決意で立たれた越後の流刑地

「親鸞聖人御上陸之地　居多ヶ浜」と刻まれた石柱

そのことは親鸞が晩年『教行信《きょうぎょうしん》証《しょう》』の後序《ごじょ》に述べておられる。

「主上臣下《しゅしょうしんか》、法に背《そむ》き義に違《い》し、忿《いかり》を成し怨《うらみ》を結ぶ。

これに因って、真宗興隆《こうりゅう》の大祖《たいそ》源空法師《げんくうほっし》、ならびに門徒数輩《もんとすはい》、罪《ざい》科《か》を考えず、猥《みだ》りがわしく死罪に坐《つみ》す。あるいは僧儀《そうぎ》を改めて姓《しょう》名《みょう》を賜《たも》うて、遠流《おんる》に処《しょ》す。予《よ》はその一なり」。

親鸞は、後鳥羽院の嫉妬《しっと》と怒りに端を発した念仏停止の勅令《ちょくれい》は認めるわけにいかなかった。曇鸞《どんらん》を菩薩《ぼさつ》と崇《あが》めた梁《りょう》の天子のような方が中国にもおられたし、わが国の教主《きょうしゅ》聖徳王と親鸞が敬慕《けいぼ》された聖徳太子などと比べて、何と愚かな悲しいことだろうと思われたに違いない。しかし思い直せば、だからこそ師・法然が説かれた真実の教えを世に広めねばならない。そんな思いで親鸞は五智国分寺へ向かわれたことだろう。

当時流人《るにん》は、最初の一年は一日一升、塩一勺《いっしゃく》だけをあてがわれる監視付きの隔離生活を送り、翌年春からは種籾《たねもみ》をもらって自分で農作をして自給自足の生活をしなければならないことになっていた。

旧暦の3月末は田植えの真っ最中であった。あの風景の中へ溶け込めばいいのだ。自分が今ここに居るのは師が流罪となられたおかげなのだ、その御心に感謝して、この地の人々に念仏を伝えよう。そんな新たな決意で越後の大地に立たれたのであった。

居多ヶ浜から歩いて5分ほどのところにある天台宗の「五智国分寺」（上右）。越後で最初に住まわれた草庵があった場所といわれる。現在、五智国分寺の本堂の東に建つ「竹之内草庵」（親鸞堂）は1873年に新しく建てられたもの。お堂内には、境内裏の「鏡ヶ池」（上左）に写った姿を自ら刻まれたと伝わる「親鸞聖人御自刻（ごじこく）の御真影（ごしんねい）」（下）が安置されている

浜を見下ろすことができる高台は「親鸞聖人上陸の地」として整備され、「もしわれ配所におもむかずは、何によりてか辺鄙の群類を化せん、これ猶師教の恩致なり」と刻まれた石碑が立つ（左）。また、「居多ヶ浜記念堂」や、親鸞聖人坐像（右）が安置されている八角形の「見真堂」（下／2014年に木造で再建）などがある

居多ヶ浜・居多ヶ浜記念堂

こたがはま・こたがはまきねんどう

住所　〒942-0081 新潟県上越市五智6-3-4
電話　025-543-0536
　　　※団体参拝の方は、025-543-2726（林正寺）へ
拝観時間（記念堂）　9時～17時
アクセス　電車：JR信越本線直江津駅より頸城バス「五智国分寺裏門」下車、徒歩5分。直江津駅よりタクシーで5～6分
車：北陸自動車道上越インターで降り、国道8号線を糸魚川方向へ、国府交差点を右折し数分

天台宗　五智国分寺・竹之内草庵跡

てんだいしゅう　ごちこくぶんじ・たけのうちそうあんあと

住所　〒942-0081 新潟県上越市五智3-20-21
電話　025-543-3069
拝観時間　8時～17時
アクセス　電車：JR信越本線直江津駅より頸城バス「五智国分寺裏門」下車すぐ。直江津駅よりタクシーで5～6分。居多ヶ浜より徒歩約5分
車：北陸自動車道上越インターで降り、国道8号線を糸魚川方向へ、国府交差点を右折し数分

光源寺《こうげんじ》

新潟県上越市国府《こくふ》にある真宗大谷派光源寺《こうげんじ》は、親鸞聖人の越後での弟子覚円坊最信《かくえんぼうさいしん》によって開かれた寺と伝えられている。

1211年といえば、親鸞の流《る》罪《ざい》が放免《ほうめん》になった年である。ということは、この流刑地《るけいち》に来られたのは1207年であるから、4年の歳月を流人《るにん》として過ごされたことになる。放免後、関東へ向かわれるまで3年間、近くの竹ケ前草《たけがはなぞう》庵《あん》(浄土真宗本願寺派国府別院のある処)に妻・恵信尼《えしんに》と共に住んでおられた。

光源寺の本堂には、須弥壇《しゅみだん》中央に、罪を許された際に親鸞自らが描いたとされる「流罪勅免御《るざいちょくめんご》満悦御真影《まんえつのごしんねい》」が掲げられ、自筆の「連座の名号《れんざのみょうごう》」や「流人標札《るにんひょうさつ》」「宣告状《せんこくじょう》の写し」尼僧になる前の「恵信尼絵像の掛け軸」など、さまざまな親鸞と恵信尼ゆかりの品が堂内に安置されている。

私はこれらを拝見しながら、特に板が朽ちて墨字も消えなんとしている「流人　藤井善信《ふじいのよしざね》」と書かれた「流人標札」に興味を憶えた。この標札が最初に住んだ五智国分《ごちこくぶん》寺《じ》の竹之内《たけのうち》草庵の入り口に掲げられていたのだろうかと思った。

親鸞は確かに流人にまちがいはないが、彼を迎えたこの地の人々には、法然《ほうねん》と共に流罪となるほどの高僧で、比叡山で20年も修行した善知識《ぜんじしき》であるという評判がまたたく間に広がっていったに違いな

木立に囲まれた参道を抜け、山門をくぐると奥に本堂が見える

配流《はいる》の跡が偲《しの》ばれる寺

上／本堂の内陣は御本尊と親鸞聖人の御影を併せて安置した珍しい配置
中右／内陣の中央に掛けられているのが、親鸞聖人流罪赦免の際、自らその喜びの表情を描いたと伝わる「流罪勅免御満悦御真影」
中左／内陣の左余間には、親鸞坐像や、若き日の恵信尼を描いたとされる掛け軸など、親鸞聖人とその妻・恵信尼ゆかりの品が多数安置されている
下／「越後国　流人　藤井善信　配所其国国府」と記された流人標札

い。そんな噂を聞きつけ疑心暗鬼に興味を抱いて近づいて来た人もあったことだろう。しかし実際に会った人々が、親鸞の人柄にひかれ帰依《きえ》するようになったとしても不思議ではない。そのことは、監視役であったとされる役人が帰依したことからもわかる。その役人が所蔵していた親鸞坐像も残されていた。帰依した人々は親鸞が関東へ向かった後も覚円坊最信の開いたこの寺（光源寺）に集ったに違いない。でなければ、「流人標札」や役人しか持っていないはずの「宣告状の写し」などがこの寺に残ることなどありえないだろう。

　そんなことを思いながら、本堂を出ると境内に高浜虚子《たかはまきょし》の句碑《くひ》があることに気づいた。

〈野菊にも配流のあとと偲ばるる〉。

境内には高浜虚子の句碑（左）のほか、親鸞聖人が植えた梅干しの種から、ひとつの花に八つの実を結ぶ梅の木になったという「八ツ房の梅」がある。この木は、梅護寺（ばいごじ）（阿賀野市）の「八ツ房の梅」の根方から出た芽をもらい植えたもので、「越後七不思議」の一つに数えられている

真宗大谷派　光源寺　しんしゅうおおたには　こうげんじ

住所　〒942-0082　新潟県上越市国府1-4-1
電話　025-543-4263
拝観時間　要連絡
アクセス　電車：JR信越本線直江津駅よりタクシーで７分
車：北陸自動車道上越ICで降り、国道８号線を糸魚川方向へ、国府交差点を右折し２分

浄善寺《じょうぜんじ》

法然《ほうねん》の流罪《るざい》放免《ほうめん》の勅《ちょく》が出たのは1211（建暦元）年11月である。同時に親鸞の流罪もとかれ、その宣告状《せんこくじょう》を携えた勅使《ちょくし》が越後《えちご》の国府《こくふ》へ向かっていた。

そのころ親鸞も、国府へ向かっていたが、柿崎の里を訪れた頃には前へ進めないほどの積雪となっていた。

一軒の家を訪ね一夜の宿を請《こ》われたが、その家の夫婦にすげなく断られてしまう。やむなく家の軒下で休んでいた親鸞が、雪をかぶって念仏《ねんぶつ》を称《とな》えていると、やがてふと目を覚ました夫婦の耳に入る。その念仏の声を聞いた夫婦は

弟子の機が熟した時に師が現れる

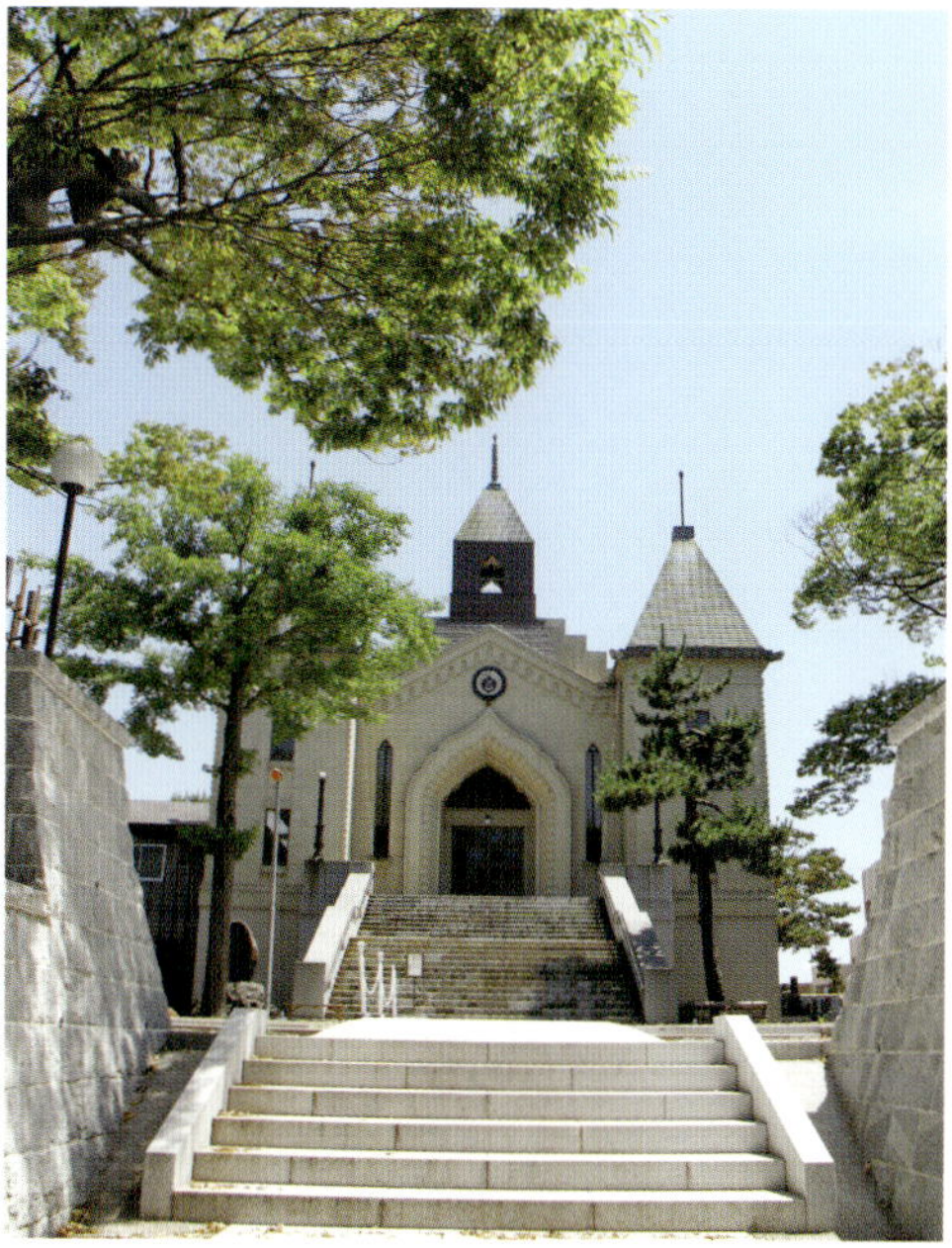

浄善寺本堂。1928年にインドのパゴダ様式で建てられた大変めずらしい造り

「あのような尊い方を外で寝かせるとはなんとあさましいことをしてしまった」と涙を流して親鸞を家の中へ招き入れ、丁寧にもてなした。2人の変化を嬉しく思った親鸞は、2人に懇《ねんご》ろにご法話をされたという。

その時の親鸞が夫婦に送った歌が残されている。

柿崎《かきざき》に　渋々　宿をかりけるに
主の心　熟柿《じゅくし》なりけり

私は、この歌にチベットの格言「師は、弟子にその準備が整った時に現れる」を思い出す。

この家の屋号は扇屋《おうぎや》といった。一夜の宿の縁で、扇屋夫婦は現在の浄土真宗本願寺派・浄善寺の開《かい》基《き》となった。

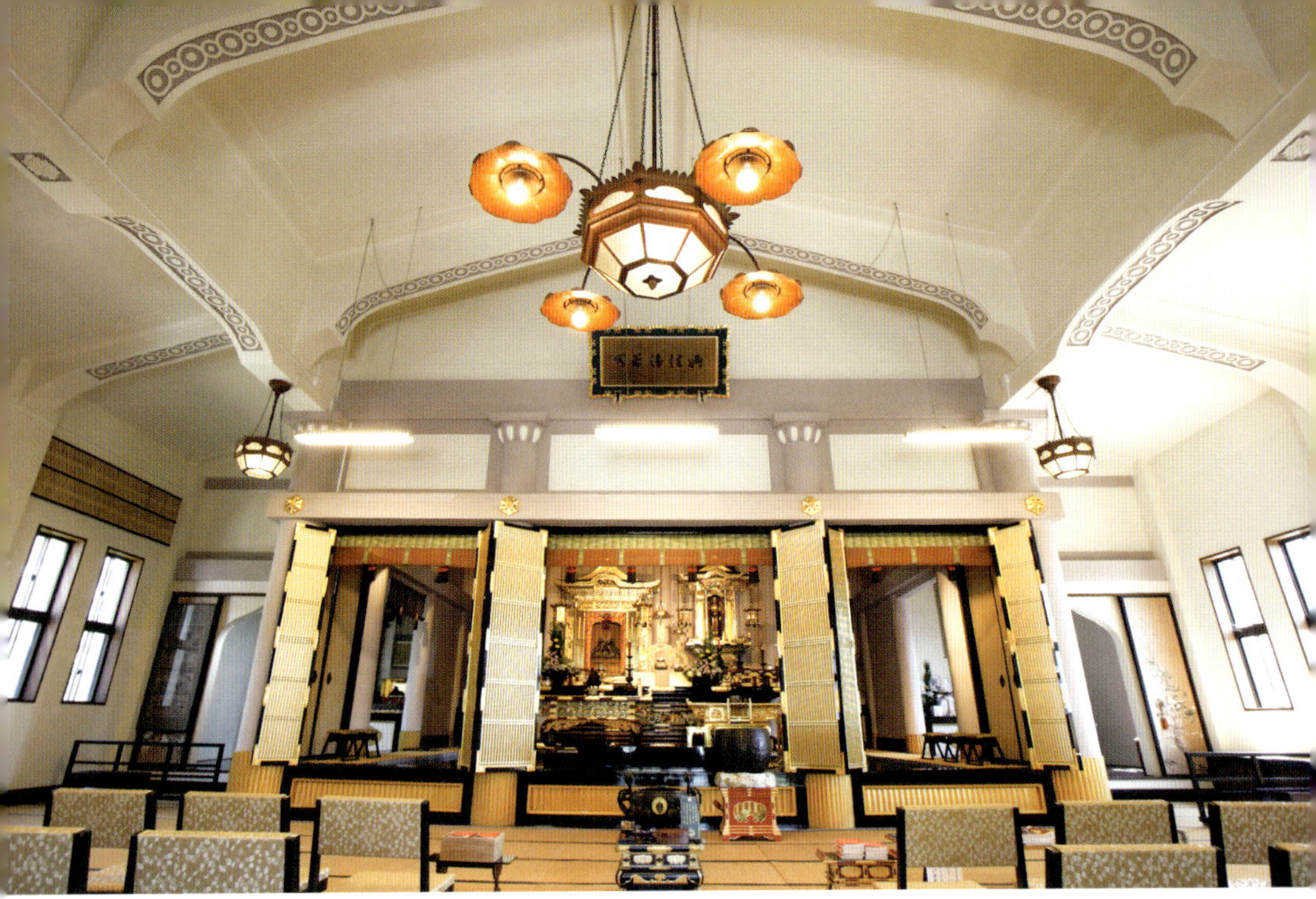

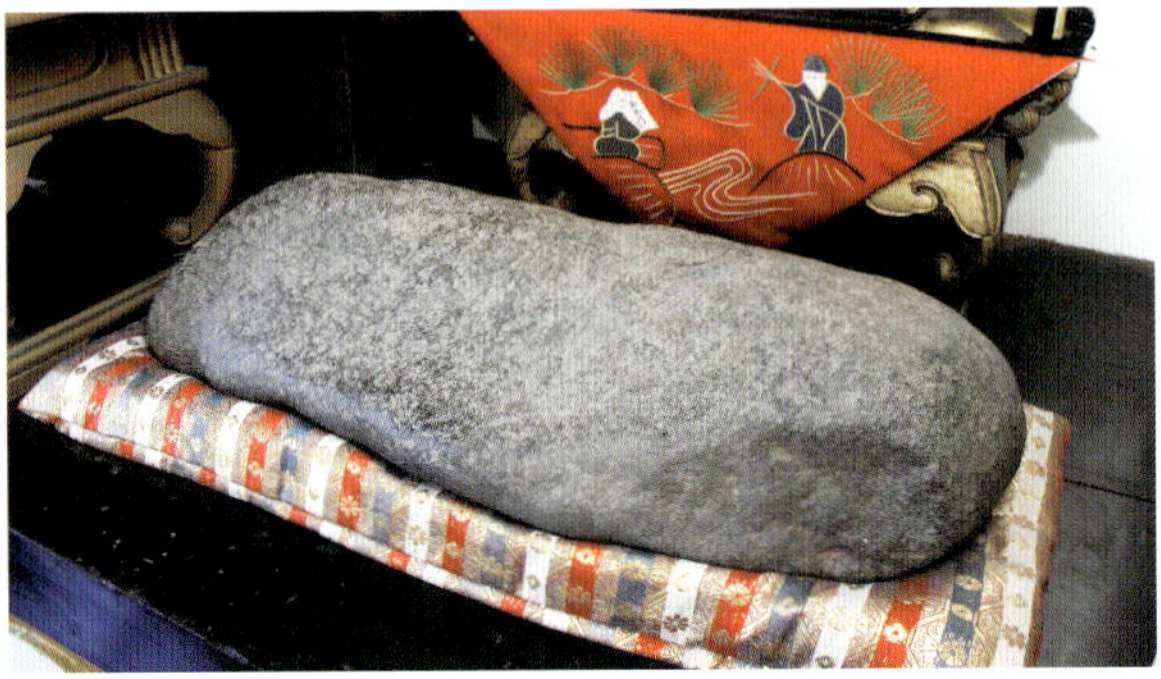

上／本堂内。天井の意匠などに異国情緒が感じられる
中／宿を断られた親鸞聖人が軒下で身を横たえていた際に枕にしていたという「お枕石」。本堂内の内陣余間（ないじんよま）にはこのほかに、「川越十字名号（帰命盡十方無导光如来）」（下右）「親鸞聖人真向之御影」（下左）などが安置されている

こうした親鸞との縁起を伝える寺は全国各地に多くみられるが、私はこの「渋々宿」の故事が、柿崎という地名もさることながら、真実味を帯びて伝わってくる。親鸞にとってもこの4年間、このまま流人として生涯過ごすことになるかもしれないと思われたこともあるだろう。それが放免の知らせを受けた日の出来事である。諦めないで精進していれば、いつかは機が熟す時が来る。この地方では柿が熟すことを、「うれる」ともいう。一夜の宿を貸してくれたことより、宿の夫婦が念仏を受け入れてくれたうれしさが放免のうれしさと重なって、「熟柿なりけり」という言葉に滲み出ているように思うのだった。

浄善寺の門前には、「宗祖 親鸞聖人御旧跡」の石碑が建立されており、石碑には「扇屋渋々宿跡地」と記されている

浄土真宗本願寺派 浄善寺

じょうどしんしゅうほんがんじは じょうぜんじ

住所 〒949-3216 新潟県上越市柿崎区柿崎 6389
電話 025-536-2503
拝観時間 7時～18時
アクセス 電車：JR信越本線柿崎駅より徒歩で7分
車：北陸自動車道柿崎ICより3分

恵信尼公廟所《えしんにこうびょうしょ》

親鸞の妻・恵信尼《えしんに》は「日野一流系図」では、兵部大輔三善為教女《ひょうぶたいふみよしためのりのむすめ》とある。そしてその三善氏は現在の妙高市（旧・新井市）から上越市板倉区（旧・板倉町）にかけての九《く》条《じょう》家《け》の荘園《しょうえん》の管理をしていたのではないかと言われている。そんなことから恵信尼の廟所が上越市板倉区にある。

親鸞は自分の身辺に関する記録は全く残さなかった。だから、恵信尼とどのようにして出会ったのかなども古来いろいろな人がいろいろに推測されている。私も勝手な推測をさせてもらえば、恵信尼が三善家の息女であるなら、京都

恵信尼公廟所。右手の五輪の塔は恵信尼の墓と呼び伝えられており、1956（昭和 31）年、旧板倉町の水田の中で発見された。以来、「本願寺国府別院」の飛地境内として整備されている

へ行儀見習いに行っていたことも十分に考えられ、京のことも十分存じておられたと思われる。そのことは『恵信尼消息』の中に、「山を出《い》でて、六角堂《ろっかくどう》に百日こもらせ給い」と比叡山《ひえいざん》のことを「山」と言っていることからも推察できる。私の住む富山では「山に雪が来た」といえば立山のことであり、静岡の人は「山」といえば富士山である。京都に住んだことがない人からは「山を出《い》でて」という用

上／「ゑしんの里記念館」に展示されている恵信尼像（複製）［原品：龍谷大学図書館蔵］
下／廟所敷地内、草花に囲まれた親鸞聖人像

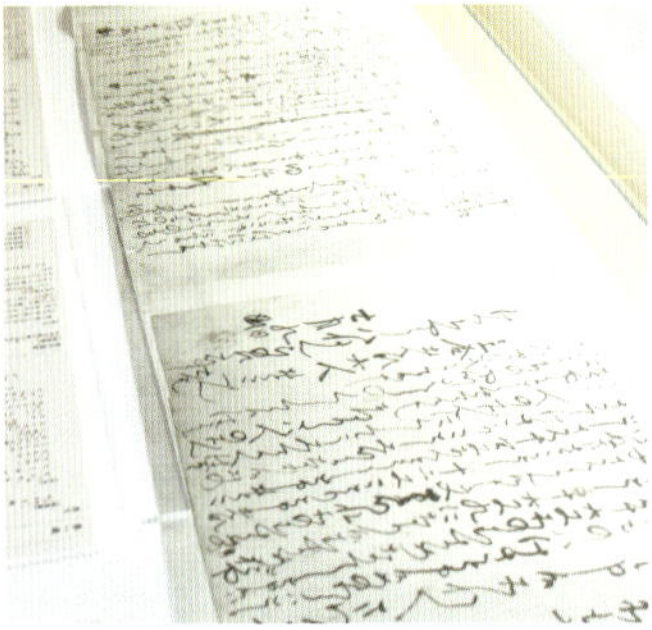

語は自然に出ないだろう。まして中央官吏の息女であるなら、なぜ親鸞が流罪《るざい》になったのかも、流罪になって国府《こくふ》に居て、どのような生活をしているかということも伝わってきたはずである。女心に何かお手伝いできないか、京の話も聞きたい、と思われても不思議ではない。恵信尼は当時30歳近い未婚女性であった。板倉郷を流れる関川の河口に直江津がある。川舟を使えば2時間もかからない。おそらく五智国分寺《ごちこくぶんじ》の竹之内草庵《たけのうちそうあん》におられた一年間は監視付であり、挨拶程度の面識はあったかもしれないが、一年後の表草庵に住んで親鸞が生活の一切を自分でしなければならなくなった時から身近に居てお世話をする立場となられたに違いない。放免になったその年

52頁／恵信尼公廟所敷地内にある「ゑしんの里記念館」。恵信尼にまつわる貴重な資料が展示され、館内には食堂や特産品販売コーナーなども併設
53頁／廟所にはその他に礼拝施設として「こぶしの里 恵信尼さま会館」（右）が隣接し、本堂（上）の御本尊の両脇には親鸞聖人と恵信尼の絵像が掛けられている

に息子の信蓮坊が生まれていることからも、そのように考えるのが自然であろう。

〈この人にこの人あり〉というが、2人の出会いは、親鸞の思想形成にとっても、後の浄土真宗教団にとっても、その宿縁《しゅくえん》を慶ぶべき出来事であった。やがて2人はこの地を後にして関東へと向かわれたのであった。

恵信尼公廟所（ゑしんの里記念館）

えしんにこうびょうしょ

住所　〒944-0135新潟県上越市板倉区米増27番地4
電話　0255-81-4541　FAX　0255-78-5020
拝観時間　午前9時から午後5時まで
休館日　火曜日（火曜日が祝日の場合はその翌日）・年末年始
入館料　無料
駐車場　あり
HP　http://www.eshin.org
アクセス　電車：JR信越本線新井駅よりタクシーで10分、北陸新幹線上越妙高駅よりタクシーで15分
車：北陸自動車道上越ICより30分、上信越自動車道中郷ICより30分

第三章 関東編

他力《たりき》の信をえんひとは
仏恩報ぜんためにとて
如来《にょらい》二種の回向《えこう》を
十方《じっぽう》にひとしくひろむべし

（「正像末和讃」）

如来大悲《にょらいだいひ》に導かれ

善光寺《ぜんこうじ》

親鸞は配流《はいる》4年ののち放免《ほうめん》となったが京都へは戻らず、越後国《えちごこく》府《ぶ》から妻子を伴って関東へ向かわれたのは1214（建保2）年であった。国府から常陸《ひたち》へ出るにはその道筋に善光寺がある。この機会に、何としても参詣《さんけい》したいと思われたに違いない。善光寺では、本尊《ほんぞん》である一光三尊《いっこうさんぞん》（※）阿弥陀如来《あみだにょらい》を目の前に拝して感慨無量の気持ちになられたことだろう。そのことは後の和讃《わさん》にも顕《あら》われている。

善光寺の如来《にょらい》の
　われらをあわれみましまして
　なにわのうらにきたります

（※）一光三尊…阿弥陀如来を中心に、向かって右に観音菩薩、左に勢至菩薩の三尊が、一つの光背を背にして立つ

56頁／善光寺本堂。創建以来10数回の火災に遭い、現在の本堂は1707（宝永4）年に再建され、江戸時代中期を代表する仏教建築として国宝に指定されている。国内有数の規模の木造建築で、T字型の棟の形が鐘を叩く撞木（しゅもく）に似ていることから「撞木造り」と呼ばれている
57頁／片手に松の枝を持った親鸞聖人像。親鸞聖人が善光寺に参詣した際に松の枝をおそなえしたという故事にちなんでいる

御名《みな》をもしらぬ守屋《もりや》にて

親鸞にとっては、この阿弥陀如来には人一倍の思い入れがあったと推測される。百済《くだら》から献納された仏像が、その御名《みな》も知らぬ廃仏派の物部守屋《もののべのもりや》によって難波の堀江に投げ捨てられるも、後に信濃の国の本田善光《ほんだよしみつ》によって郷里の伊《い》那《な》（現・飯田市）に持ち帰り自宅に安置したのが、善光寺起源の由来とされている。その由来を前提に、自分を哀れんで顕われてくださったのだと和讃《わさん》しておられる。特に親鸞の場合、聖徳《しょうとく》太子を〈無始よりこのかたこの世まで　聖徳皇のあわれみに　多多《たた》（父）のごとくにそいたまい　阿摩《あま》（母）のごとくにおわします〉と、父や母のように慕っておられたわけで、廃仏

上／山門は1750（寛延3）年に建立された二層入母屋造り。2007年に完了した大規模な修復工事により、屋根が建立当初と同じ栩葺（とちぶき）に復元され、国内に現存する最大の栩葺建造物となった。楼上からは善光寺平を一望できる
下／山門のさらに南にある仁王門。1752（宝暦2）年に建立されて以来2度焼失し、現在の仁王門は1918（大正7）年に再建されたもの。善光寺の山号である「定額山（じょうがくさん）」の額が掲げられ、左右には高さ約5メートルの阿吽（あうん）の仁王像が立つ

派の物部守屋と戦って仏教を護られた聖徳太子が救世《くせ》観音《かんのん》の姿で浮かんだに違いない。そして決意されたことだろう。今から向かう関東の地は、善光寺信仰が太子信仰とともに民衆の間に根付いていることも、性信坊《しょうしんぼう》などから聞き及んでおられたことだろう。その教線《きょうせん》を利用しようなどと姑息《こそく》なことを思われたのではない。親鸞にとっては聖徳太子も善光寺如来も如来の誓願への有難い導きにほかならなかった。

聖徳皇のあわれみて
仏智《ぶっち》不思議の誓願《せいがん》に
すすめいれしめたまいてぞ
住正《じゅうしょう》定聚《じょうじゅ》の身となれる

この和讃にみられるように、如来大悲の恩徳に感涙して決意を新たに常陸の国へ向かわれたことだろう。親鸞が逗留《とうりゅう》したとされる善光寺堂照坊《どうしょうぼう》で聖人のお心を追慕し、私も感動で胸がいっぱいになっていた。

善光寺　ぜんこうじ

住所　〒380-0851 長野県長野市大字長野元善町491-イ
電話　026-234-3591
拝観時間　4時30分～16時30分（冬期は6時～16時）
拝観料　境内無料（本堂内陣・お戒壇巡り・善光寺史料館共通券500円、山門拝観500円、経蔵300円）
駐車場　あり
アクセス　電車：JR長野駅より善光寺口バスロータリー「1番のりば（善光寺方面行き）」発の路線バスで約15分
車：東京・名古屋・大阪方面から▶上信越自動車道長野ICより約40分。新潟・北陸方面から▶上信越自動車道須坂長野東ICより約40分

上／境内にある小さなお堂（右）には、善光寺逗留中の親鸞聖人が爪で彫ったと伝えられる「爪彫如来」（左）が安置されている
下左／善光寺周辺には39の宿坊があり、仁王門前の東側に位置する堂照坊は親鸞聖人が百日間逗留されたと伝えられる
下右／仁王門から山門の間、参道に沿って様々な出店が並ぶ

佐貫の荘・宝福寺《さぬきのしょう・ほうふくじ》

　流刑地《るけいち》越後《えちご》を後にした親鸞《しんらん》は、長野善光寺《ぜんこうじ》から碓氷峠《うすいとうげ》を超えて常陸《ひたち》の国（現・茨城県）へ向かう。この途中には佐貫《さぬき》というところがあり、そこにしばらく滞在された。そのことは親鸞の妻・恵信尼《えしんに》の手紙に見ることができる。「武蔵の国やらん、上野《かんずけ》の国やらん、佐貫と申す所にて」。

　佐貫の場所に関しては諸説があるが、今回板倉町の宝福寺（旧・法福寺）を訪れて驚いた。お堂にある性信房《しょうしんぼう》の像を解体修理した時に発見されたという底板銘には、

「自《じ》信《しん》教《きょう》人《にん》信《しん》」の聖地

右／利根川に平行して流れる谷田川
左／水害時に人や財産を避難させるために家の軒下や納屋に吊り下げられていた揚船。
現在は谷田川を周遊する観光用の船として用いられている

「上野国佐貫荘板倉法福寺・横曽根性信房」と記されていたのだ。

佐貫が荘であるなら今日の館《たて》林《ばやし》市や古河《こが》市を含むほどの広域であったかもしれない。学者は特定したがるが、そんな点であるか面であるかはどうでもいいのである。恵信尼の手紙に「佐貫と申す所」とあるのだからそれで充分である。

利根川流域のこの地は、常に氾《はん》濫《らん》を繰り返していて、その都度、川の流れが変わり、それこそ武蔵の国なのか、上野の国なのか境界が定まらない所であった。

親鸞一家がこの地に到着した時にも、そうした災害があったのか、悲惨な情景を目にして、死者供養のために浄土三部経《じょうどさんぶきょう》千回読誦《どくじゅ》の発願をして読み始められた。しか

宝福寺本堂。宝福寺は現在、真言宗豊山派の寺院となっており、無住のため管理は同派の実相寺が務めている

し、途中で〈これは何事《なにごと》〉と気づかれ、〈身ずから信じ、人をおしえて信ぜしむる事、まことの仏恩《おん》を報《むく》いたてまつるものと信じながら、名号《みょうごう》の他《ほか》には、何事《なにごと》の不足《ふそく》にて、必《かなら》ず経《きょう》を読《よ》まんとするや〉（『恵信尼消息』）と思い直して、読むのをやめられたのであった。自力《じりき》から他力《たりき》へ転換の決定的瞬間であった。

後に親鸞が「如来《にょらい》の回向《えこう》に帰《き》入《にゅう》して　願作仏心《がんさぶっしん》をうるひとは　自力の回向をすてはてて　利益《りやく》有情《じょう》はきわもなし」と和讃《わさん》されたように、越後での布教が思うように進まなかったのは、自力の回向《えこう》で人々を教化しようとしていたのだと気づかれたからであった。この佐貫の荘は、親鸞にとっても宗門にとっても、如来の回向に帰入《きにゅう》した「自信教人信」が確立された記念すべき聖地と言っていいだろう。

上右／境内には性信房の座像が安置されるお堂がある。お堂の脇には「木彫性信上人坐像」と記された碑がある
上中／性信房の座像。鎌倉時代に造られ、群馬県指定重要文化財となっている
上左／像を解体修理した時発見された底板銘。「上野国佐貫荘板倉法福寺・横曽根性信房」と記されている

真言宗豊山派 宝福寺（旧・法福寺）

しんごんしゅうぶざんは ほうふくじ

住所 〒374-0132 群馬県邑楽郡板倉町板倉2406番地
電話 0276-82-0560（宝福寺は現在無住のため、兼務を勤める真言宗豊山派実相寺の電話番号を記載）
拝観時間 要連絡 **駐車場** あり。大型バス駐車可
アクセス 電車：東武日光線板倉東洋大前よりタクシーで約8分。東武伊勢崎線館林駅よりタクシーで約15分
車：東北自動車道館林ICより古河方面へ約5分

上／光照寺本堂
左／本堂の傍らに安置される石碑。「かさ間草庵」と記された文字は、親鸞聖人の直筆をもとに彫られている

光照寺《こうしょうじ》

笠間《かさま》の光照寺は、「関東お草鞋《わらじ》ぬきの聖跡」と称される。親鸞が越後《えちご》から関東へ来られて最初に草庵を結ばれた跡とされており、これは同行した性信房《しょうしんぼう》の配慮ではないかと推測される。なぜなら性信房は鹿島神宮《かしまじんぐう》の神官の出であり、光照寺の開基は教名房《きょうみょうぼう》（親鸞の直弟子）で、その祖父は鹿島神宮の造営に際して工匠の指揮にあたるほど関わっていたからだ。そうした縁で草鞋を脱がれたのかもしれない。早速、教名房の父が帰依《きえ》し、また近辺の真言《しんごん》の寺が所蔵する仏典や漢籍があることも喜ばれ、草庵を結ぶ志を固められたという。

関東お草鞋《わらじ》ぬきの聖跡

木々に囲まれた参道。手前には大きな杉の木が立ち並ぶ

この草庵にて佐貫《さぬき》での回心《えしん》で得た「自信教人信《じしんきょうにんしん》」を身に整えて、当時は地方文化の中心でもあった笠間を拠点に教化の第一歩を踏み出されたのであった。原始真宗淵源の聖地ともいわれる由縁である。

また、寺伝によれば、親鸞が草鞋をぬがれて6年後の48歳の時、『教行信証《きょうぎょうしんしょう》』の撰述の素意を教名房にもらされ、著作に入り、52歳の時に脱稿《だっこう》され、それから56歳まで前後9年間、ここ笠間の草庵から一里ほど西にある稲田の草庵に籠《こも》って完成されたとある。稲田の草庵と4キロしか離れていないわけだから、親鸞も教名房も度々行き来していたに違いない。

光照寺には、親鸞帰洛《きらく》の際、庄司家（教名房の俗名）に伝わる霊木で親鸞自らが彫った持念仏を、〈深

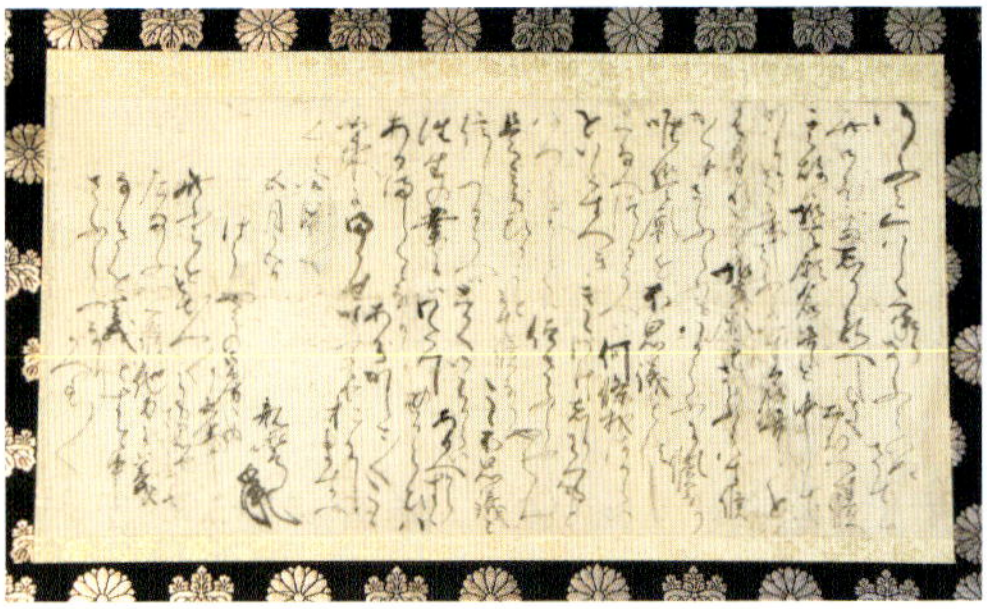
1

2

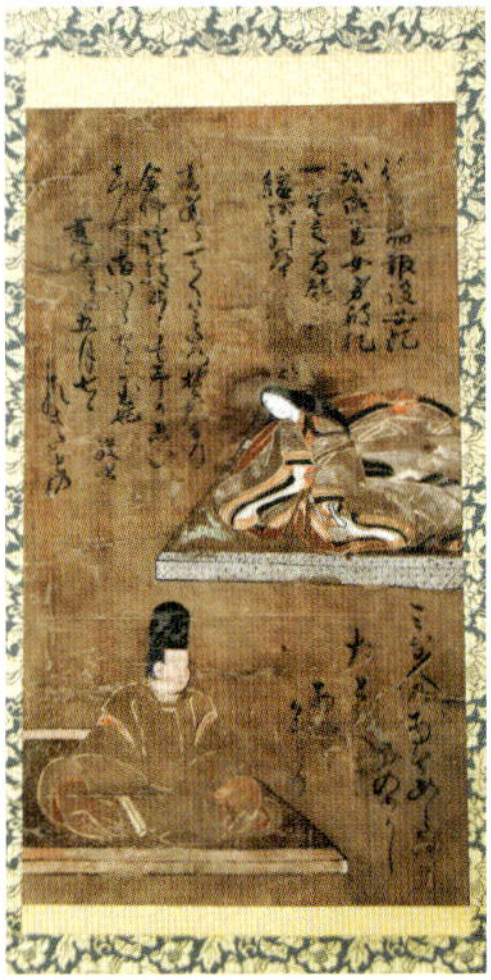
3

4

光照寺には親鸞聖人が偲ばれる品が多数所蔵されている
1. 親鸞聖人御消息　2. お草鞋ぬきご満足の御影　3. 聖人・恵信尼連座の御影　4. 聖徳太子略絵伝

き因縁をもって〉と教名房に付与され、後に「浄土真宗開闢《かいびゃく》の御本尊《ごほんぞん》」と称される阿弥陀如来像をはじめ、法宝物類も数多くが所蔵されている。親鸞聖人御消息《ごしょうそく》、お草鞋ぬきご満足の御影《ごえい》、聖人・恵信尼《えしんに》連座の御影、女人往生《にょにんおうじょう》証拠の座像、聖徳太子《しょうとくたいし》略絵伝、聖徳太子絵像、覚信尼《かくしんに》御消息、真宗授要編（教名房作）、親鸞聖人御遺言法語（教名房作）などが、真宗成立の歴史を紐解く上でも貴重な遺品として750数年の時を経て伝えられている。

親鸞自彫と伝えられる本尊の「木造阿弥陀如来像」。茨城県指定の重要文化財

真宗大谷派 光照寺
しんしゅうおおたには こうしょうじ

住所　〒309-1611 茨城県笠間市笠間2591番地
電話　0296-72-0536
拝観時間　要連絡
駐車場　あり
アクセス　電車：JR水戸線笠間駅より徒歩約20分。
JR常磐線友部駅よりタクシーで約10分
車：北関東自動車道友部ICより約7分。
常磐自動車道岩間ICより約20分

上／1806（文化3）年に再建された報恩寺本堂
右／山門。石碑には「親鸞聖人御旧跡二十四輩第一番坂東報恩寺」と刻まれており、報恩寺は「下総坂東報恩寺」とも通称される

下総報恩寺《しもうさほうおんじ》

親鸞の第一弟子性信房《しょうしんぼう》が拠点としていた坊舎の跡に建つのがこの報恩寺である。

1577（天正5）年、戦禍を受けて焼失したが、その後1602（慶長7）年に徳川家の援助を受けて江戸に寺基《じき》を移したのが東京・上野の坂東《ばんどう》報恩寺である。後年、ここ横曽根《よこぞね》の旧地に本堂が再建されて、現在の下総報恩寺となっている。

性信房は、鹿島神宮《かしまじんぐう》の神官の出で、熊野権現《くまのごんげん》に参篭《さんろう》して神託を受け、京都・吉水の法然上人《ほうねんしょうにん》を訪ねたのが縁で、親鸞の最初の弟子となった。以来、越後流罪《えちごるざい》の時も、関東へ迎える時も、関東での親鸞一家の住居や生活をも陰となり日向となって支えてきたのであった。１２３２（貞永元）年、関東を後にして帰洛の途についた師に、性信房は同行を望むが、師は関東に帰って門徒を導くよう諭《さと》し、箱根山で涙の決別をする。性信房は戻ると、ここ横曽根を拠点に精力的に布教活動を続け、後に横曽根門徒といわれる念仏集団が生まれたのであった。

当時、利根川《とねがわ》・鬼怒川《きぬがわ》流域は、網目を張りめぐらしたような水路があり、その様子を伝えるかのような跡として、山門から真っすぐ伸びた参道の先に「舟つなぎの松」と名付けられた松が残されている。おそらく親鸞も性信房も川舟を利用して縦横に教化活動をされてい

親鸞を支えた 性信房《しょうしんぼう》

少し離れた場所にある性信房の墓

上右／舟つなぎの松
上左／朝日に包まれる鬼怒川

たのだろう、と偲《しの》ばれる。

寺の北方300メートルほど行った所に杉の老木があって、その根元に性信房の墓がある。親鸞から『教行信証《きょうぎょうしんしょう》』の草稿《そうこう》を託されたり、親鸞の名代として鎌倉幕府へ陳情に行ったり、善鸞《ぜんらん》義絶《ぎぜつ》の書簡を受けたりするほど親鸞から信頼されていた性信房であった。

2本の杉の巨木に守られるかのようにひっそりと佇《たたず》む性信房の墓に手を合わせているうちに私は、釈尊《しゃくそん》に常に随行していた阿難《あなん》（アーナンダ）を思い浮かべていた。

『教行信証《きょうぎょうしんしょう》』「坂東本《ばんどうぼん》」と坂東報恩寺

戦国時代に焼失した報恩寺は、1602年、徳川幕府の援助によって江戸に再建された。そしてこの、東京・上野の「坂東報恩寺」において長年保管されていたのが、親鸞聖人の主著『教行信証《きょうぎょうしんしょう》』（『顕浄《けんじょう》土《ど》真《しん》実《じつ》教《きょう》行《ぎょう》証《しょう》文類《もんるい》』）「坂東本」である。

親鸞が京へ帰る際、直弟子の性信房（報恩寺開基）に預けたとされ、関東大震災の火災からも奇跡的に逃れ、聖人の自筆（真筆）として唯一現存している書物である。

「坂東本」は、後に真宗大谷派（東本願寺）が保存管理することとなり、現在は国宝に指定されている。

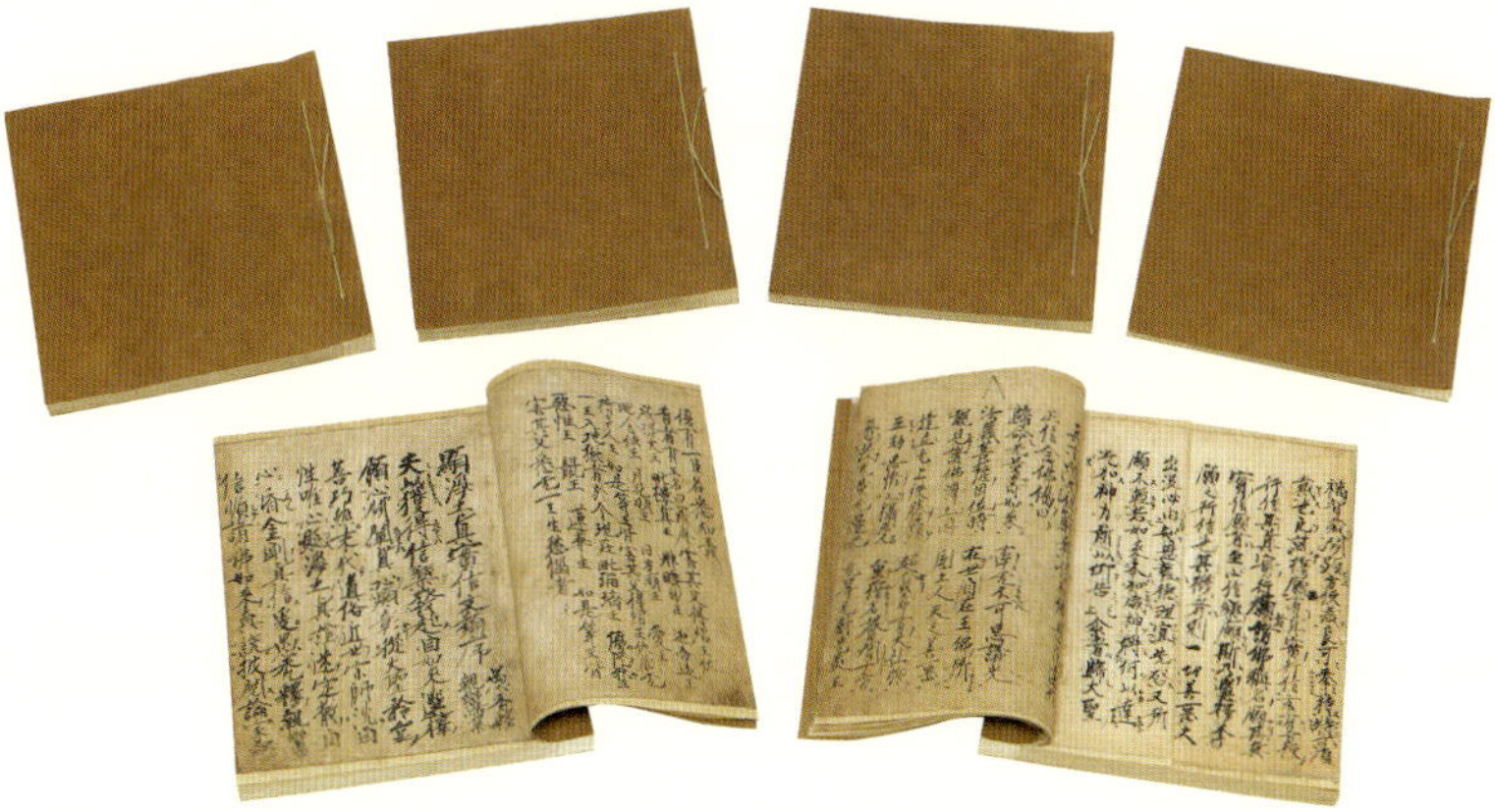

真宗大谷派　下総報恩寺
しんしゅうおおたには　しもうさほうおんじ

住所　〒303-0041 茨城県常総市豊岡町丙1586番地の1
電話　0297-24-2580
拝観時間　要連絡
駐車場　あり
アクセス　電車：関東鉄道常総線水海道駅よりタクシーで約6分
車：磐自動車道谷和原ICより約20分

真宗大谷派　坂東報恩寺
しんしゅうおおたには　ばんどうほうおんじ

住所　〒110-0015 東京都台東区東上野6丁目13番13号
電話　03-3844-2538
拝観時間　要連絡
駐車場　あり
アクセス　電車：JR上野駅より徒歩約10分
車：首都高速1号上野線上野出口より約5分

小島の草庵跡《おじまのそうあんあと》

上／小島の草庵跡全景。中央にある銀杏の大樹は「稲田恋しの銀杏」と称される。秋になると黄金色に色づく
下／草庵跡に建てられた記念碑

小島の草庵跡は、親鸞一家が3年ほど居住した跡とされている。近くにある光明寺《こうみょうじ》（真宗大谷派）の伝承によれば、光明寺開基の明空房《みょうくうぼう》は鎌倉幕府の内乱（和田義盛の乱）で敗れた落ち武者が小島の草庵に住む親鸞を訪ねて弟子となり、聞法《もんぼう》道場として建てたのが1220年とある。親鸞が常陸の国に来たのは1214年であるから、笠間《かさま》の光照寺で草鞋《わらじ》をぬいで何年か住み、やがてこの地へ移り住まれたのであろう。この地を治める小島郡司の武弘《たけひろ》が親鸞の徳を慕《した》い、この地に草庵を設けて迎えたという。何かと世話をしてくれる性信房《しょうしんぼう》もさほど遠くないところに住んでいた。

先に住んでいた光照寺のように縁ある家に寄寓《きぐう》するのではなく、

常陸《ひたち》における念仏教化の拠点

上／「四体仏」と呼ばれる五輪塔
下右／「親鸞聖人御旧跡」と彫られた古碑
下左／側面には「三歳御住居」と彫られている

独立の草庵を結ばれた最初の棲家《すみか》であった。おそらく妻・恵信尼《えしんに》にも誰に気遣うことなく、子育てや親鸞の世話をかいがいしくしておられたことだろう。恵信尼の娘・覚信尼《かくしんに》へ宛てた手紙にみられる親鸞が観音菩薩《かんのんぼさつ》の化身《けしん》であるとの夢《む》告《こく》を受けたという記述は、ここ小島の草庵での出来事ではないかといわれている。

現在建物の跡が残っているわけでもなく銀杏の巨木が遺跡として残っているだけだが、その銀杏の根元に、百済《くだら》から渡来した仏教を受け入れた欽明《きんめい》天皇、その心を受け継ぎ仏教を護持した用明《ようめい》天皇、仏教の興隆に努めた聖徳太子の墓に親鸞の墓を加えた「四体仏《したいぼとけ》」といわれる五輪塔《ごりんとう》がある。親鸞の遺跡を辿ると必ずと言っていいほど、

広大な畑に囲まれた小島の草庵跡から望む筑波山

聖徳太子ゆかりの遺品に出会う。先の光照寺にも「聖徳太子略絵伝」があった。おそらく親鸞は六角堂《ろっかくどう》の夢告以来、聖徳太子はわが身を守ってくださる救世《くせ》観音の化身として敬慕しておられたのであろう。

この草庵を拠点として、越後《えちご》で果たせなかった本願《ほんがん》念仏の伝道に積極的に乗り出された、いわば常陸教化の最初の拠点となった遺跡でもある。後に移り住まれた稲田の方角に向かって枝を伸ばす「稲田恋しの銀杏」と称されている銀杏の巨木が黄金色に輝いていた。

上／聖徳太子立像［光明寺蔵］
右／聖徳太子略絵伝の一部［光照寺蔵］

小島の草庵跡 おじまのそうあんあと

住所 〒304-0051 茨城県下妻市小島
駐車場 あり
アクセス 電車：関東鉄道常総線下妻駅より徒歩18分
車：常磐自動車道谷和原ICより約45分

板敷山大覚寺《いたじきさんだいかくじ》

山も山　道も昔にかわらねど
かわりはてたる　我こゝろかな

この歌は、山伏弁円《やまぶしべんねん》が懺悔《さんげ》して親鸞の弟子になった時に詠まれたとされている。

弁円は、当時、常陸国《ひたちのくに》の山中で修行していた山伏たちの頭領だった。弁円は親鸞が稲田に来てから自分の信者が減り、親鸞に信者を奪われたと怨《うら》んだ。場合によっては殺害しようと親鸞を待ち伏せするが現れず、業を煮やして稲田の草庵へ単身出向く行動に出た。しかし親鸞に出遇《であ》って害心を失い、山伏の身を捨てて門弟となったと

親鸞聖人 法難《ほうなん》の遺跡

右／大覚寺の背後には吾国山がそびえ、吾国山の西方に板敷山がある
左／大覚寺本堂

いう。

『仏説観無量寿経《ぶっせつかんむりょうじゅきょう》』に描写された韋提希夫人《いだいけぶにん》が釈尊《しゃくそん》の顔を見ただけで回心《えしん》する場面を思い出させる。韋提希は釈尊の姿を見るなり、叫びだす。「世尊、我《われ》、宿《むかし》何の罪ありてか、この悪子を生ずる。世尊また何等《なにら》の因縁ましましてか、提《だい》婆達多《ばだった》と共に眷属《けんぞく》たる」と愚痴《ぐち》の限りをまくしたてる。しかし釈尊は大悲大慈《だいひだいじ》に満ちた眼で韋提希の顔を無言のまま見ておられるだけだった。やがて韋提希は何かを感じ、瓔珞《ようらく》を投げ捨てて、釈尊にひれ伏して慟哭《どうこく》する。私は、弁円も親鸞に出遇って韋提希と同じ回心《えしん》が生じたのだと思っている。親鸞も、弁円が刀を投げ捨てて慟哭する姿を見て釈尊同様、即便微笑《そくべんみしょう》されたことだろう。

板敷山の山頂にある「山伏弁円護摩壇跡」

こうした不思議な現象は相手を丸ごと認めた時に顕《あらわ》れる。人は丸ごと認められると心を開くのである。心を開かない先に何を言っても通じないものである。弁円の心が開かない先に説教していたら親鸞は殺されていたかもしれない。

そんな思いをしながら私は、板敷山の山頂にある親鸞を呪い殺そうと護摩《ごま》を焚いたとされる護摩壇跡を眺めていた。

右／大覚寺内陣　左／余間に安置されている山伏弁円の木像

上／大覚寺境内。石垣に囲まれた「親鸞聖人説法石」。親鸞聖人が弁円とその弟子35人に対して、この石に座って説法をしたと伝えられている

右／本堂左側の奥には回遊式の庭園が広がり、いずれの方角から見ても美しいことから「裏見無しの庭」といわれている

浄土真宗本願寺派　板敷山大覚寺

じょうどしんしゅうほんがんじは　いたじきさんだいかくじ

住所　〒315-0101 茨城県石岡市大増3220
電話　0299-43-2735
駐車場　あり
アクセス　電車：JR常磐線羽鳥駅よりバスで30分
車：北関東自動車道笠間西ICより約10分

上／石畳の参道の奥にある茅葺きの山門。石碑には「親鸞聖人教行信証御製作地　浄土真宗別格本山」と彫られている［写真提供：稲田禅房西念寺］
左／西念寺本堂

稲田の草庵跡・西念寺《いなだのそうあんあと・さいねんじ》

茅葺《かやぶき》の山門をくぐって境内に入ると「浄土真宗開闢《かいびゃく》の聖地」という大きな石碑が目に入る。『教行《きょうぎょう》信証《しんしょう》』を執筆され、真宗の根幹をなす他力本願《たりきほんがん》の思想を確立されたのはまさにここ稲田の草庵であったのではないか。

近くに稲田神社がある。当時、稲田神社は鹿島神宮と並ぶほどの常陸《ひたち》の国の七大神社の一つだったという。そうした大神社には神仏習合の習いで神官の外に多くの僧侶が居て仏典や漢籍が備えられていた。それらの文献を参照されて

浄土真宗開闢《かいびゃく》の聖地

撰述されたことだろう。しかし親鸞が求道したのは生死《しょうじ》出《い》ずべき道であった。真証の証であった。仏典や文献はその裏付けに過ぎなかった。

1231（寛喜3）年（親鸞59歳）、この草庵で病に伏され、高熱の中で親鸞をして「まはさてあらん（そうだった）」と言わせしめた臨死体験にも似た回心《えしん》体験は、18年前に佐貫《さぬき》で捨ててきたはずの自力の残《ざん》滓《し》が残っていたことに気づかされ、如来《にょらい》の回向《えこう》に帰入《きにゅう》して初めて「自信教人信《じしんきょうにんしん》」が成り立ち布教が可能となると悟られたのであった。おそらくこうした気づきのたびに、あらあら書き上げた『教行信証』の草稿を推敲し続けられたのだと思う。例えば、妻・恵信尼《えしんに》の手紙には、「自信教人信、難中転更《なんちゅうてんきょう》難《なん》」に続く語句が省かれているが、善導《ぜんどう》の「往生礼讃《おうじょうらいさん》」では「大悲《だいひ》伝普化《でんふけ》」と続くのである。ところが親鸞は、「伝」を「弘」に替え「大悲弘普化」としておられる。要するに、人が大悲を伝えて普《あまね》く人々を教化するのではなく、大悲そのものが弘くあまねく人を教化するとしたのである。こうした推敲を重ねられながら絶対他力《ぜったいたりき》の念仏思想を完成させていかれたのであった。

9歳で得度されてから50年、苦難の仏道をただ一筋に歩いて来られた聖人を追慕しながら私は、万感の思いで〈見返り橋〉から稲田の森をいつまでも見遣っていた。

西念寺内陣。ご本尊の左右には親鸞聖人（右）と恵信尼（左）の木像が安置されている

上右／茨城県天然記念物の「お葉付き銀杏」。葉の一部から実が成る珍しい銀杏で、親鸞聖人自ら植えたと伝えられている
上左／親鸞聖人のお骨の一部が納められている「親鸞聖人ご頂骨堂（六角堂）」。念仏への迫害が続く中で、遺骨の安否を心配する妻・恵信尼の思いを知った末娘・覚信尼に託され、西念寺の第二代教念が京都から安全な稲田に密かに持ち帰ったと伝えられている
下／親鸞聖人が稲田を離れる時に名残惜しんで草庵を振り返ったと伝えられる「見返り橋」。現在は元の場所から移動している。石碑には「別れじを　さのみなげくな法の友　また会う国の　ありと思えば」との歌が刻まれている

稲田禅房西念寺（稲田御坊）

いなだぜんぼうさいねんじ（いなだごぼう）

住所　〒309-1635 茨城県笠間市稲田469
電話　0296-74-2042　FAX　0296-74-2547
HP　http://www.inadagobo.org
アクセス　電車：JR水戸線稲田駅より徒歩約20分
　　　　　車：北関東自動車道笠間西ICより約5分

上／真樂寺本堂
下／鎌倉から海沿いに進み、小田原の手前、相模灘に面した国府津の地に真樂寺はある

真樂寺《しんらくじ》

真樂寺は、小田原市国府津《こうづ》にある。国府津というのは奈良時代から平安時代にかけて、律令制の国《こく》府《ふ》への水運のために設けられた港であった。全国のほとんどの国府津はその名を変えているが、相模の国府津だけがそのまま地名として残った。船の発着する港であるから、自ずと荷役や漁《すな》どりなどが苫屋《とまや》を作って住み着くようになる。当時はそうした漁民が住む漁村であった。

左／本堂に安置された親鸞聖人像
下／境内の帰命堂（きみょうどう）には「帰命石」とよばれる2メートルほどの石があり、その名号（みょうごう）は親鸞聖人が記したと伝わっている

真樂寺の縁起によれば、もとは天台宗の古刹であったが、1228（安貞2）年に住持・性順《しょうじゅん》が、相模の国を巡教されていた親鸞に帰依《きえ》し改宗し、親鸞より「真樂寺」の寺号を賜ったと伝えられている。当時は、漁民は一般人とは差別された殺生をする賤民《せんみん》とみなされ、寺院参拝は認められていなかった。要するに寺の境内に入ることを許されなかったのである。

そんな読み書きも知らない社会から疎外された漁民たちが「念仏を称《とな》えるだけで救われる」と説く親鸞に必死の思いで縋《すが》ったのであった。その遺跡が「御勧堂《おすすめどう》」として残されている。現在は高台にある真樂寺と御勧堂の間に国道一号線（旧東海道）が横切っていて飛び地のようになっているが、海岸近くに船でやってくる親鸞を待つかのように建てられた苫屋である。その苫屋が石材で囲まれて往時のまま保存されている。私は、この御勧堂こそが親鸞の民衆教化の象徴的な遺跡であると思うのである。

56歳の頃より常陸の稲田から相模への巡教が多くなり、真樂寺・御勧堂を拠点にして相模の民衆教化に努められた足跡が各地に見られる。この頃の親鸞は、他力本《たりきほん》願《がん》の思想が確立し、如来《にょらい》の回向《えこう》による説法となっていたから、民衆の間にしみ入るように伝わったに違いない。やがて燎原《りょうげん》の火のように広がり、そのことを危惧した他宗の讒言《ざんげん》によって鎌倉幕府は念仏禁止令を発令したのであった。そうした中で上洛を決意され、関東を離れる際、国府津へ立ち寄ると、教えを請う人たちに引き留められ数年逗留《とうりゅう》されたと伝えられている。

上／親鸞聖人が手植えしたと伝わる菩提樹
右／江戸時代末期に描かれた『二十四輩巡拝図會　巻五　国府津勧堂　眞樂寺』

境内前の国道をはさんで海岸近くに残る「御勧堂」（右）。親鸞聖人の説かれる他力本願の教えを、誰でも聞法（もんぼう）できるようにと建てられた

真宗大谷派　真樂寺

しんしゅうおおたには　しんらくじ

住所　〒256-0812 神奈川県小田原市国府津３丁目２番22号
電話　0465-47-2317
アクセス　電車：JR東海道本線・御殿場線 国府津駅下車、徒歩３分
車：西湘バイパス国府津インターより約３分。国道１号『親木橋』交差点を右折、２つ目の『国府津保育園前』信号の手前の左側

永勝寺《えいしょうじ》

上／永勝寺山門
左／丘陵の斜面に建立された永勝寺

　永勝寺は、もとは天台宗であった。寺の記録によれば、親鸞聖人関東教化の頃、帰依《きえ》して真宗に改宗したとある。現在は横浜市戸塚区になっているが、もとは鎌倉郡山ノ内庄倉田村であった。寺の前の道は鎌倉街道の「中の道」の近道で、鎌倉から甲斐、信州へと通じていた。

　鎌倉幕府の命で『一切経《いっさいきょう》』の校《きょう》合《ごう》に招かれた親鸞は、国府津《こうづ》の真《しん》楽寺《らくじ》と鎌倉との往来の際、永勝寺に宿泊することが多かったという。海岸沿いの近道もあっただろうが、念仏に帰依して親鸞が立ち寄ることを心待ちにする人々のいる処へ向かうのは自然のことであろう。

　一切経校合とは、一切経を写経して奉納する際、誤字脱字などないか、今で言う校正する作業であ

相模教化を彷彿とさせる寺

る。鎌倉幕府が念仏禁止令を出す前であって、一切経を諳《そら》んじるほど精通した碩学《せきがく》の僧親鸞の名は、北条家事務官に真宗門徒もおり、特に常葉《ときわ》北条、金沢北条、大仏《おさらぎ》北条は門徒を被護され、幕府にも聞こえていたのであろう。

親鸞が一切経校合に参加した証ともいえる遺品が永勝寺に遺されている。鎌倉幕府の北条時氏（三代執権北条泰時の子）から贈られたと伝えられている木製の「枕」である。傷みが激しいが一部に漆塗りの装飾が施された箇所が残っていて元は立派なものであったことを窺《うかが》わせる。

永勝寺には他にも親鸞の足跡が偲ばれる遺品がみられ、親鸞自彫りと伝えられる聖徳太子像がある。また善光寺如来《にょらい》よりお告げを受け

永勝寺本堂

て彫ったとされる阿弥陀如来立像が境内に建てられた阿弥陀堂に太子像と共に安置されている。鎌倉七太子があるように、親鸞ゆかりの寺院には聖徳太子の像がみられる。六角堂での夢告以来、太子を救世観音《くせかんのん》と仰ぎ、民衆に根付いた太子信仰や善光寺信仰などの流脈を辿《たど》って布教しておられた様子が偲《しの》ばれる。やがて「二十余年星霜を重ね、辺鄙《へんぴ》の群萌を済度せしむ」と蓮如上人《れんにょしょうにん》が後に詠まれたこの地を後にして、別れを惜しむ弟子たちや民衆に見送られ、箱根を越えて上洛の途へつかれたのであった。

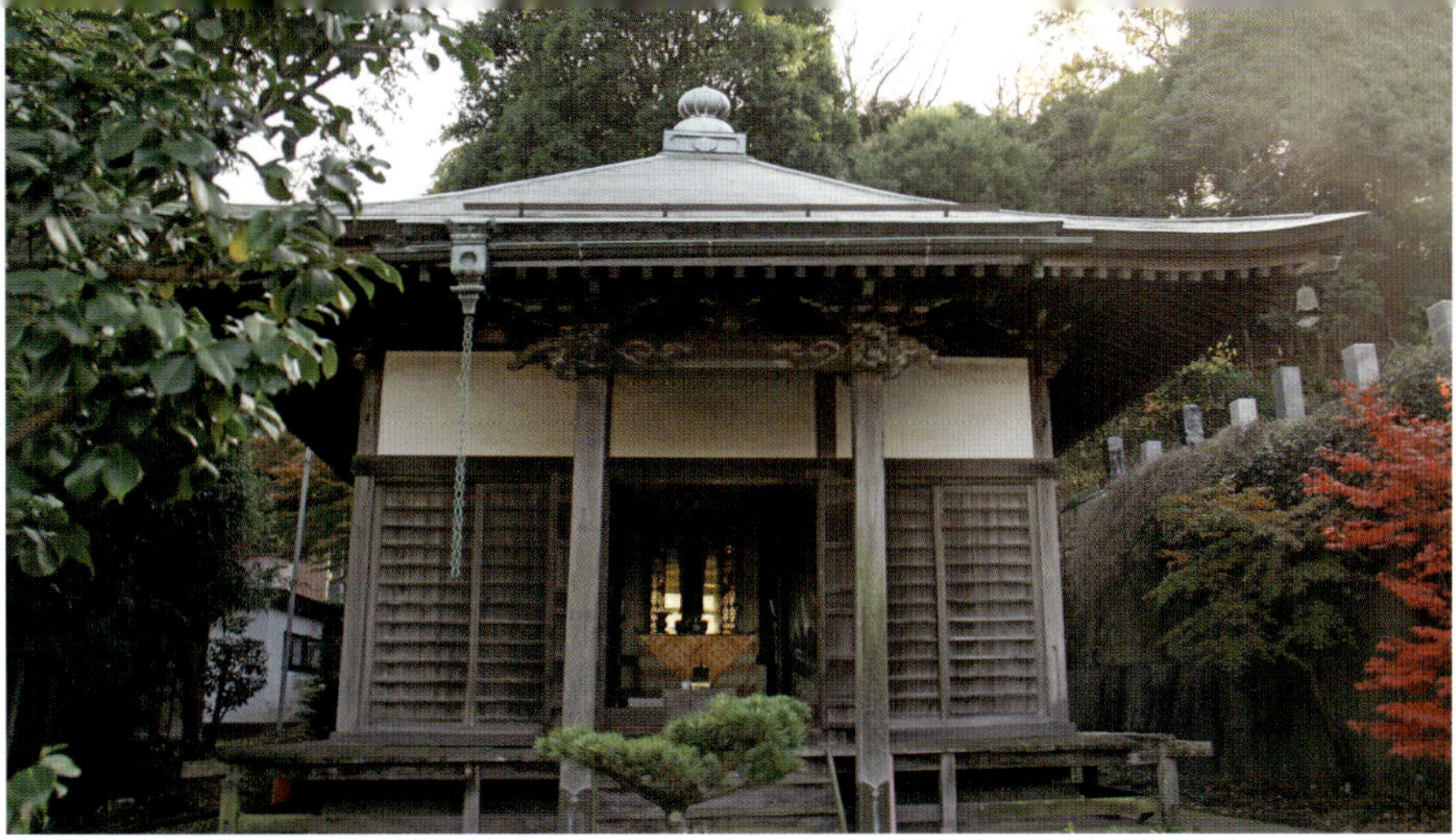

阿弥陀堂（上）には、親鸞聖人自彫りのものと伝えられる「聖徳太子像」（左）と、善光寺如来を模して彫ったとされる「阿弥陀如来立像」（右）が安置されている
下／親鸞聖人が北条時氏から贈られたと伝わる木製の「枕」

真宗大谷派 永勝寺

しんしゅうおおたには えいしょうじ

住所　〒244-0815神奈川県横浜市戸塚区下倉田町1021
電話　045-881-3166
アクセス　電車：JR東海道本線戸塚駅東口より、見晴橋行きと下倉田循環のバスで、「下倉田中央」下車
車：JR東海道本線戸塚駅より9分。JR根岸線「本郷台駅」より11分

境内には、親鸞聖人が仏前にそなえるため自ら掘ったと伝わる「保命水」と呼ばれる井戸が残る

第四章

帰京編

弥《み》陀《だ》成仏《じょうぶつ》のこのかたは
いまに十劫《じっこう》をへたまえり
法身《ほっしん》の光輪きわもなく
世《せ》の盲冥《もうみょう》をてらすなり

（「浄土和讃」）

光圓寺《こうえんじ》と善法院跡《ぜんほういんあと》

帰洛後の貴重な期間

親鸞が承元《じょうげん》の法難《ほうなん》で流罪《るざい》となって京を離れたのは35歳の時であった。それから約30年を経て帰洛されたと伝えられている。おそらく師匠や兄弟子たちは既に亡くなっていて、親しかった友人たちの消息もわからなくなっていたに違いない。まさに浦島太郎のような現実に直面されたことであろう。帰洛して80歳代になられるまでの十数年間、どこでどのように過ごしておられたのか、その記録はほとんどない。最初は吉水《よしみず》時代の岡崎の草庵に住まわれ、その後吉水、

左／光圓寺門前　上／門の奥に見える光圓寺本堂

一条、柳原等、各地を転々としながら五条西洞院《ごじょうにしのとういん》あたりに常住の居を定められたのではないかとされている。関東を離れてしばらくすると、残された門弟や念仏者たちの間で造悪無碍《むげ》の問題が起き、鎌倉訴訟問題が起き、善鸞《ぜんらん》問題が起きるといった事件が次々に発生して、関東から親鸞の意見を聞こうとやって来る門弟が絶えなかった。その人々とお会いなさったのが西洞院の現在光圓寺《こうえんじ》がある場所ではなかったかとされている。その光圓寺には常陸《ひたち》（現・茨城県）の平太《へいた》郎《ろう》（※）が訪ねてきたとされる故事などが伝承として残されている。

しかし関東の弟子たちに宛てた手紙によれば、1255（建長7）年、83歳の時、火事に遭い、弟・尋有の善法院《ぜんぽういん》に移り住んだとされ

（※）親鸞聖人の教えを深く信じた、『御伝鈔』にも出てくる人物

上／光圓寺本堂。関東から帰洛された親鸞聖人がしばらく居を占められたと見られ、内陣余間に平太郎の御木像（左）と親鸞聖人の御木像（右）が安置されている

ている。
この頃の親鸞は精力的に著述をしておられる。その主著『教行《きょうぎょう》信証《しんしょう》』を推敲完成させ、『入出二《にゅうしゅつに》門偈頌《もんげじゅ》』、『一念多念文意《いちねんたねんもんい》』、『正像《しょうぞう》末和讃《まつわさん》』など、多くの著述を残されたのは80歳を迎えてからであった。そういう意味でも、帰洛されてからの20年間は、親鸞にとってとても大切な期間ではなかったかと思われる。9歳で得度《とくど》し、比叡《ひえい》山《ざん》、吉水、越後《えちご》・関東と〈生死出《しょうじい》ずべき道〉をただ一筋に歩かれた仏道は、苦難に満ちた道程ではあったが、真実に出遇《であ》えた慶びも多かったのではないだろうか。その真実の思想を確立し消化し血肉にして慶びをかみしめて過ごされた帰洛後の年月は貴重であったと言えるだろう。

1262（弘長2）年、親鸞は、善法院に於いて11月下旬に病床につかれ、同月の28日に弟尋有《じんう》や末娘覚信尼《かくしんに》等に看取られて、90年の生涯を終えられたのであった。

善法院跡は、現・御池中学校。正門前には「見真大師遷化之旧跡」の碑が建っている。（「見真」とは親鸞聖人の大師号）

真宗大谷派　光圓寺
しんしゅうおおたには　こうえんじ

住所　〒600-8448京都市下京区松原通新町西入藪下町7番地
電話　075-351-7069
アクセス　電車：京都駅から市バス「西洞院松原」下車、徒歩1分。京都市営地下鉄烏丸線「五条駅」より徒歩8分

善法院跡（現・御池中学校）
ぜんぽういんあと

住所　京都市中京区柳馬場通御池上る虎石町
アクセス　電車：京都駅から市バス「河原町御池」下車、徒歩5分。京都市営地下鉄烏丸線・東西線「烏丸御池駅」より徒歩7分

親鸞聖人荼毘所《しんらんしょうにんだびしょ》

親鸞聖人は1262（弘長2）年11月28日、善法院《ぜんぽういん》で生涯を閉じられた。その時の様子が33年後、ひ孫の覚如《かくにょ》によって著わされた『御伝鈔《ごでんしょう》』に記されている。

「弘長2年11月下旬の頃より、親鸞聖人はいささか具合が悪くなられた。それ以後は絶えず念仏を称《とな》え、その他のことは一切口にされなかった。そうして28日の正午、頭北面西右脇に臥《ふ》され、ついに念仏の息は絶え果てた。御年90歳であられた。お住いの坊舎は押小路の南で万里小路の東であったから、

鳥辺野《とりべの》の深い森の中で

延仁寺の墓地所にある坂道を上ると、深い森に囲まれた中に親鸞聖人荼毘所がある。
荼毘所は東本願寺第21代厳如上人により1883年に設備された

遠く鴨川の東を通って、京都東山のふもと、鳥辺野《とりべの》の南のほとりにある延仁寺《えんにんじ》で荼毘《だび》に付し申し上げる」（意訳）とある。ここに出てくる延仁寺は歴史から一旦消えたが、紆余曲折を経て蘇り、現在の延仁寺が山科街道の坂道の中腹にある。延仁寺の住職の案内で個人墓地が並ぶ坂道を上った最上部に、石柵で囲まれた荼毘所が深い森の中にあった。私は「見真(※)大師御荼毘所」と刻まれた石柱を見ながら、厳粛な気持ちで合掌《がっしょう》していた。

我国で最初に荼毘（火葬）を行ったのは遣唐僧として唐に渡り玄《げん》奘三蔵《じょうさんぞう》に直接学んで帰国した道《どう》昭《しょう》（629〜700）であった。

荼毘の風習は仏教の教理から生まれたものでなく、たまたま仏教と伴に伝来したに過ぎない。なぜ

（※）「見真」とは親鸞聖人の大師号

上／延仁寺の本堂に安置されている御本尊は、真宗寺院にはめずらしい舟形の光背をもつ阿弥陀如来
右／東山三十六峰の山麓に建つ延仁寺。街道を挟んだ向かいの同寺墓地所の最上部に親鸞聖人荼毘所はある
左／延仁寺本堂

なら、釈尊が世に出る前からインドにあった風習で、例えば仏教国のチベットでは、今日でも、火葬もあるが、鳥葬、水葬、土葬、風葬と、各地各様に行われている。

　野辺に薪《まき》を積み、その上に遺体を乗せ、薪を被《かぶ》せて焼く荼毘は、時間がかかる。私が少年時代過ごした村の火葬場での火葬はまさに荼毘であった。今日の火葬場は重油を用いコンピューターで火力を制御して一時間半もすれば遺骨にできるが、当時の火葬は夕日が沈む頃に火をつけ、骨あげが可能になるのは翌朝であった。火葬の経験のない者が行うと途中で火が消えたり、遺骸の一部が焼け残ったり、うまく白骨にできない。おそらく、火葬に立ち会った覚信尼《かくしんに》や顕智等門弟たちは、そうした経験

延仁寺から望んだ京都市街

のある者に後を任せて、延仁寺の方で待機しておられたに違いないと思いながら、荼毘所を後にして坂道を下っていった。

真宗大谷派　延仁寺
しんしゅうおおたには　えんにんじ

住所　〒605-0955 京都市東山区今熊野字総山町２番地
電話　075-561-4379
駐車場　あり
アクセス　電車：JR奈良線・京阪電鉄本線東福寺駅より徒歩約30分
バス：京都市バス「今熊野」より徒歩約20分
車：東大路通今熊野交差点より滑り石街道を東へ約1km。京都駅より車で約15分

大谷祖廟《おおたにそびょう》

亡くなられた親鸞の遺体は、東山の鳥辺野《とりべの》に運ばれ荼毘《だび》に付された。遺骨は門弟の専信《せんしん》と顕智《けんち》らによって拾骨され、東山の西のふもと「大谷の地」に埋葬されたと伝えられている。10年後の1272（文永9）年に末娘・覚《かく》信尼《しんに》が門弟の協力を得て、遺骨を吉水《よしみず》の北にあらためて葬った。そこに廟堂《びょうどう》を建て親鸞の御影像を安置したのが大谷祖廟の起源であり、本願寺の始まりであった。その後、本願寺の東西分派にともない、かつての墓所に近い地に造営されたのが現在の大谷祖廟である。

私が訪れたのはお彼岸《ひがん》でもあったので、参拝者が列をなしていて、なかなか御廟前まで進めなかった。やむなく少し離れたところから、御廟を眺めていた。宗祖《しゅうそ》親鸞聖人

聖人《しょうにん》の遺徳を慕う人々の心

七百五十回御遠忌《ごえんき》法要の記念事業で修復を終えたばかりの御廟は金箔や五色の彩りで鮮やかに輝いていた。

釈尊が生まれたインドには遺骨を納める墓はない。ヒンズー教徒も仏教徒も荼毘に付した遺骨や遺灰はガンジス川へ流してしまう。ヒンズー教徒にとってガンジス川

上／親鸞聖人の御廟
下／御廟へ向き手を合わせる参拝者

毎年８月のお盆の時期に行われる「東大谷万灯会（ひがしおおたにまんとうえ）」

はシバ神の化身だから、シバ神と一体化する意味をもつ。そんな国であるにもかかわらず、釈尊の場合、拾骨の時点で遺骨の奪い合いが起き、遺骨や遺灰を納めた巨大な仏舎利《ぶっしゃり》塔が各地に競って造られた。そして仏教伝播《でんぱ》と伴に東南アジア、中国、日本でも仏舎利塔や五重塔が建てられた。以前私はそのことを不思議に思っていた。しかしそれは釈尊が偉大であった証でもあって、その遺徳が人々を駆り立てたのであった。釈尊を敬愛してやまない人々の報恩感謝の心の表われでもあった。

親鸞は「某《それがし》親鸞閉眼《へいがん》せば、賀《か》茂河《もがわ》にいれて魚《うお》にあたうべし」という言葉を残しておられる。にもかかわらず、こうした立派な御廟ができ、参拝者が絶えないのは、

上／本堂
左／総門へ続く緑あふれる参道

釈尊同様、聖人の遺徳を慕う人々によって護持されてきたということにほかならない。

次々に訪れて焼香をしてゆかれる参拝者を眺めながら、私は感涙して合掌《がっしょう》していた。9歳で得度された青蓮院《しょうれんいん》からここ大谷祖廟までの聖人の苦難の生涯が浮かび、廟堂の上に慈愛に満ちたお姿が光眩しく浮かんだからであった。

大谷祖廟《おおたにそびょう》

住所　〒605-0071 京都市東山区円山町477番地
電話　075-561-0777
アクセス　バス：京都駅から市バス206系統で「祇園」下車、徒歩約10分
電車：阪急電車「河原町駅」下車、徒歩約20分

真宗本廟（東本願寺）《しんしゅうほんびょう（ひがしほんがんじ）》

晩秋の夕暮れ、真宗本廟（東本願寺）の唐門《からもん》（阿弥陀堂《あみだどう》門）の前の銀杏の葉が西日をあびて金色に輝いていた。唐門をくぐると、宗祖《しゅうそ》親鸞聖人《しょうにん》七百五十回御遠忌《ごえんき》法要の特別記念事業として修復された御影堂《ごえいどう》の屋根瓦も銀杏の葉を敷きつめたように金色に輝いている。

西日が沈むと、光は瓦の隙間に吸い込まれるように消え、夕闇に包まれる御影堂。

御堂《みどう》の中から灯りが漏れている。

七百五十年継承されてきた法灯

親鸞讃歌
「光は流れる」

の灯りか、いや、念仏の声がする。

南無阿弥陀仏、南無阿弥陀仏。

御堂の中は光で満ちている。人影がないのに、念仏の声がする。光の中から声が聞こえてくる。光《こう》明《みょう》と名号《みょうごう》がからみ合い、妙なる音楽を奏でている。

光は堂に満ち、あふれた光が透かし欄間《らんま》や鎧戸《よろいど》の隙間から流れ出している。舞い上がった光の帯がオーロラのように夜空を彩っている。

青色青光《しょうしきしょうこう》、黄色黄光《おうしきおうこう》、赤色赤光《しゃくしきしゃっこう》、白色白光《びゃくしきびゃっこう》。

光は仏旗《ぶっき》となってはためき、大きく弧を描き流れ始めた。六角堂の上空から吉水《よしみず》の方角へ流れている。

——突然の雷鳴。

念仏の声は途絶え、闇が襲う。

ここはどこだ。

越後《えちご》に雪が舞っている。雪に埋もれた人影が春を待っている。板倉の郷に蕗のとうが芽生える頃、雪に晒《さら》された光は再び流れ始める。信州信濃の善光寺の方角へ流れてゆく。一光三尊仏に迎えられた光のスクリーンに聖徳太子が観音の姿で映っている。

光はとどまることなく流れ進む。浄土三部経《じょうどさんぶきょう》を読経《どきょう》する声が聞こえる。武蔵の国やらん、上野《こうずけ》の国やらん、佐貫《さぬき》というところ。突然読経が途絶え、光は無碍《むげ》の光に生まれ変わり、四方八方へ流れてゆく。

鬼怒川や利根川の流れが生んだ大地を尽十方無碍光《じんじっぽうむげこう》が地を這《は》うように流れてゆく。

稲田の森から笈《おい》を担《かつ》いで出てくる人影がある。親鸞だ。上洛を決意した親鸞聖人だ。ゆっくりと弥陀の光明の中を歩いて行かれる。

夜が更けるにつれ、静寂さを増す御影堂。

御堂の奥に一点の灯が点《とも》っている。

七百五十年を経た今も、親鸞聖人は生きておられる。世の人を導くために、永遠の光となって生きておられる。

阿弥陀堂の上に月が出ている。

月愛三昧《がつあいざんまい》の光が月影のいたらぬ処なくやさしくふりそそいでいる。

真宗本廟（東本願寺）では、毎年 11 月 21 日から宗祖親鸞聖人の御命日である 28 日まで「報恩講（ほうおんこう）」が勤まり、全国各地よりたくさんの方々が参拝に訪れる
［写真：東本願寺］

真宗本廟（東本願寺）

しんしゅうほんびょう（ひがしほんがんじ）

住所　〒600-8505 京都市下京区烏丸通七条上る常葉町754番地
電話　075-371-9181
アクセス　バス：市バス「烏丸七条」下車、徒歩約1分
電車：地下鉄烏丸線五条駅より徒歩約5分。京都駅より北へ徒歩約10分

親鸞聖人略年表

西暦	和暦	年齢	事項
一一七三	承安三	一	京都で誕生。
一一八一	養和元	九	慈円《じえん》のもとで出家《しゅっけ》し、範宴《はんねん》と名のる。 平清盛没。全国的な飢饉（養和《ようわ》の大飢饉）。
一一八二	寿永元	一〇	この年、恵信尼《えしんに》誕生。
一二〇一	建仁元	二九	堂僧をつとめていた延暦寺を出て、六角堂に参籠し九十五日目に聖徳太子の夢告により法然の門に入る。
一二〇四	元久元	三二	十一月、「七箇条制誡《しちかじょうせいかい》」に「僧綽空《そうしゃっくう》」と署名する。
一二〇五	元久二	三三	法然より『選択本願念仏集』の書写と法然真影の図画《ずえ》を許される。夢告により「綽空」の名を改める。 興福寺による専修念仏停止の動き高まる（興福寺奏状）。
一二〇七	承元元	三五	二月、専修念仏停止により法然らとともに処罰され、越後国府に流罪となる（承元《じょうげん》の法難《ほうなん》）。
一二一一	建暦元	三九	三月、息男信蓮房《しんれんぼう》誕生。十一月、法然とともに流罪赦免《しゃめん》となる。
一二一二	建暦二	四〇	一月、法然没。九月、『選択本願念仏集』刊行。
一二一四	建保二	四二	越後から関東へ向かう途中、上野佐貫で三部経千部読誦を発願《ほつがん》するが中止。やがて常陸へ向かう。
一二二四	元仁元	五二	『教行信証』を書きすすめる。息女覚信尼《かくしんに》誕生。

一二二七	安貞元	五五	延暦寺衆徒《しゅと》、法然の墳墓《ふんぼ》を破却《はきゃく》（嘉禄《かろく》の法難）。専修念仏停止となる。
一二三〇	寛喜二	五八	五月、『唯信鈔《ゆいしんしょう》』を書写する。 全国的な大飢饉（寛喜《かんぎ》の大飢饉）。
一二三一	寛喜三	五九	病床《びょうしょう》で『仏説無量寿経』を読むが、建保《けんぽ》二年の三部経千部読誦の反省を思いかえし中止する（寛喜の内省《ないせい》）。
一二三二	貞永元	六〇	このころ、京都に帰り、五条西洞院《ごじょうにしのとういん》に住すという。また、このころまでに坂東本『教行信証』の草稿《そうこう》がなり、以後晩年に至るまで改訂《かいてい》が続けられる。
一二三五	嘉禎元	六三	孫如信《にょしん》誕生。
一二四七	宝治元	七五	二月、従兄弟で門弟の尊蓮《そんれん》に『教行信証』書写を許す。
一二四八	宝治二	七六	一月、『浄土和讃《じょうどわさん》』『浄土高僧和讃《じょうどこうそうわさん》』を著《あらわ》す。以後、最晩年まで活発な著述を続ける。
一二五一	建長三	七九	このころより関東での異義《いぎ》を制止する書状《しょじょう》を多く発する。
一二五五	建長七	八三	十二月、火災に遭《あ》い、三条富小路善法院に移る。この年、『安城御影』描《えが》かれる。
一二五六	康元元	八四	五月、息男善鸞《ぜんらん》を義絶する。
一二五七	正嘉元	八五	二月、「弥陀の本願信ずべし」の夢告を感得《かんとく》し、改訂中の『正像末和讃《しょうぞうまつわさん》』に書き入れる。
一二五八	正嘉二	八六	十二月、善法院で「獲得名号自然法爾《ぎゃくとくみょうごうじねんほうに》」を門弟顕智《けんち》に語る。
一二六〇	文応元	八八	十一月、門弟乗信《じょうしん》に書状を送り、法然の法語《ほうご》を示し生死無常《しょうじむじょう》のことわりを語る。
一二六二	弘長二	九〇	十一月二十八日、善法院で入滅。十二月、覚信尼が越後の恵信尼に書状を送り、父の入滅を伝える。

浄善寺（P46）
新潟
居多ヶ浜記念堂
（P38）
五智国分寺・竹之内草庵跡（P38）
光源寺
（P42）
恵信尼公廟所
［ゑしんの里記念館］（P50）
善光寺（P56）
群馬
稲田の草庵跡・西念寺（P80）
光照寺（P64）
板敷山大覚寺（P76）
佐貫の荘・宝福寺（P60）
茨城
小島の草庵跡・光明寺（P72）
下総報恩寺（P68）
長野
坂東報恩寺（P71）
東京
神奈川
永勝寺（P88）
真樂寺（P84）

滋賀
京都
詳細地図
→P114
大阪
四天王寺（P20）
法隆寺（P20）
磯長山叡福寺
（P20）
奈良

京都周辺
比叡山
横川
西塔
比叡山延暦寺
常行三昧堂(P16)
比叡山延暦寺
根本中堂(P12)
東塔
叡山
ケーブル
叡山
ロープウェイ
坂本
ケーブル
比叡山ドライブウェイ
叡山電鉄叡山本線
地下鉄烏丸線
京阪本線
岡崎別院(P32)
善法院跡(P94)
地下鉄東西線
六角堂(P24)
青蓮院門跡(P8)
吉水草庵・安養寺(P28)
大谷祖廟(P102)
阪急京都線
光圓寺(P94)
東本願寺(真宗本廟)(P106)
京都駅
JR 東海道本線
親鸞聖人荼毘所(P98)
延仁寺
東海道新幹線
近鉄京都線

著者

青木新門

1937年富山県生まれ。早稲田大学中退後、富山市で飲食店を経営するが倒産。93年、葬儀社で納棺夫として働いた経験を描いた『納棺夫日記』（単行本・桂書房、文庫版・文春文庫）がベストセラーとなる。同書は映画「おくりびと」の原案となった。その他の著書に、童話『つららの坊や』（桂書房）、『いのちのバトンタッチ』（東本願寺出版）など多数。

写真

溝縁ひろし

1949年香川県生まれ。写真家。京都府在住。京の四季や祭り、花街などを中心に撮影。また、四国霊場や西国巡礼なども取材中。海外ではドイツやロシアで国際交流写真展を開催している。写真集に、『四国八十八カ所』（光村推古書院）、『京都の花街』（主婦の友社）など多数。日本写真家協会会員。

青木新門《あおきしんもん》の親鸞探訪《しんらんたんぼう》

2018（平成30）年9月10日　初版第1刷発行
2019（平成31）年3月28日　第2刷発行

著者　青木新門
写真　溝縁ひろし
発行者　但馬 弘
編集発行　東本願寺出版（真宗大谷派宗務所出版部）
〒600-8505 京都市下京区烏丸通七条上る
Tel 075-371-9189（販売）　075-371-5099（編集）
Fax 075-371-9211
印刷・製本　株式会社アイワット
デザイン　株式会社ザイン

ISBN978-4-8341-0586-5　C0015